reinhardt

Helga Blum • Christina Wagner

Und immer wieder lockt das Leben

Eine Geschichte für Senioren
zum Lesen und Vorlesen

3. Auflage

Großdruck

Ernst Reinhardt Verlag München

Helga Blum, Fürth, arbeitet als freiberufliche Lektorin und Biografin. Sie betreute zeitweise ihre hochbetagte pflegebedürftige Mutter zu Hause und kennt die Schwierigkeiten einer angemessenen Betreuung Pflegebedürftiger aus eigener Erfahrung.
Christina Wagner (vorm. Zieger), Amberg, verfasst Kurzgeschichten und Romane. Besonders liegen ihr Geschichten für Senioren am Herzen, die zu anregenden Gesprächen zwischen Jung und Alt führen sollen.

Bibliografische Information der Deutschen Nationalbibliothek

Die Deutsche Nationalbibliothek verzeichnet diese Publikation in der Deutschen Nationalbibliografie; detaillierte bibliografische Daten sind im Internet über <http://dnb.d-nb.de> abrufbar.
ISBN 978-3-497-02867-2 (Print)
ISBN 978-3-497-61126-3 (PDF-E-Book)
ISBN 978-3-497-61127-0 (EPUB)
3. Auflage

Printed in EU
Covermotiv: © iStock.com / Eva Katalin Kondoros
Satz: Sabine Ufer, Leipzig

Ernst Reinhardt Verlag, Kemnatenstr. 46, D-80639 München
Net: www.reinhardt-verlag.de E-Mail: info@reinhardt-verlag.de

Inhalt

Ein neues Jahr – ein neues Glück

Agnes Rautenberg sitzt im Rollstuhl und schaut zu, wie draußen dicke Schneeflocken vom Himmel fallen. Gerne würde sie jetzt einfach ins Freie laufen, die kalten weißen Sterne auffangen und auf den Handflächen zergehen lassen. So, wie sie es als Kind immer getan hat.

Aber das kann sie nicht mehr. Seit ihrem schlimmen Sturz vor zehn Wochen ist sie auf den Rollstuhl angewiesen.

Deshalb hat sie ihr Enkel Andreas zu sich nach Franken geholt. Er arbeitet in Erlangen und will sie in seiner Nähe haben, damit er und seine Familie immer wieder nach ihr schauen können.

Die alte Dame zieht die Wolldecke auf ihren Beinen zurecht und lässt den Blick durch das Zimmer schweifen. Alles ist noch so fremd hier im Seniorenheim.

Als es leise an der Tür klopft, ist sie so in Gedanken versunken, dass sie es beinahe überhört hätte.

„Ja, bitte."

Die Tür geht langsam auf und Andreas, seine Frau Susanne sowie die Kinder Max und Paula kommen herein.

Der neunjährige Max läuft Richtung Rollstuhl und ruft: „Uri-Oma, wir haben alles mitgebracht: Blei, einen Löffel und eine Kerze." Er ist ganz aus dem Häuschen. „Und Streichhölzer und eine Schüssel. Von dir brauchen wir jetzt nur noch Wasser."

Agnes Rautenberg lacht, bremst ihn dann aber mit den Worten: „Langsam, langsam. Erst mal will ich euch alle willkommen heißen."

Ungeduldig tritt Max von einem Bein auf das andere. „Papa, du hast mir versprochen, dass ich das Feuer anzünden darf. Ich bin der Ältere."

Die fünfjährige Paula schaut beleidigt drein.

Da stemmt ihre Mutter die Hände in die Hüften und schimpft: „Halt, ihr zwei. Erst mal wird die Uroma richtig begrüßt. Und dann bereiten wir zusammen alles so vor, dass wir gemütlich rund um den Tisch sitzen können."

Andreas hat zwei Klappstühle von zu Hause mitgebracht und stellt sie zu den beiden Stühlen, die schon am Tisch stehen. Er schiebt den Rollstuhl seiner Großmutter daneben und alle nehmen Platz.

Alle außer Max. Seine Aufgabe ist es, mit der Schüssel Wasser aus dem Badezimmer zu holen. Wieder am Tisch, angelt er sich die Streichhölzer und zündet die Kerze an. Schon nimmt er den Löffel in die Hand und will ihn mit einem Stückchen Blei über die züngelnde Flamme halten.

„Moment", sagt Andreas, „die Jüngste darf zuerst."

Paula klatscht vor Freude in die Hände. Dann greift sie nach dem Löffel, legt ein Stück Blei hinein und hält ihn eifrig über das Feuer. Als alles vollständig geschmolzen ist, lässt sie das flüssige Blei ins kalte Wasser gleiten, sodass es zischt. Gespannt blicken sie reihum auf das, was sich da herausbildet. Paula beugt sich beim Betrachten dicht über die Schüssel, schließlich holt sie den erkalteten Klumpen aus dem Wasser und legt ihn vor sich auf den Tisch. „Was ist das denn?" Sie dreht das Gebilde hin und her.

Max wird ungeduldig. „Eine Sonne ist das, und jetzt bin ich dran."

Seine kleine Schwester ist damit aber nicht einverstanden. „Ich glaube, Mama, das ist eine Blume, oder?"

Susanne lacht. „Ja, Paula, für dich ist es eine Blume." Sie faltet ein Blatt Papier auseinander, auf dem die häufigsten Motive erklärt werden. „Bei Blume steht: *Es können sich neue Freundschaften entwickeln.*"

Da nickt Paula heftig und strahlt. „Stimmt, wenn ich nächstes Jahr in die Schule komme, finde ich bestimmt viele Freundinnen."

Jetzt ist Max an der Reihe, er ist mit seinen neun Jahren der Zweitjüngste am Tisch. Ihm kann es gar nicht schnell genug gehen, und bevor das Blei richtig flüssig ist, schüttet er es vom Löffel ins kalte Wasser.

Keiner sagt etwas. Im Wasser bildet sich ein Stiel an dem noch festen Klumpen.

Max nimmt die Figur raus und legt sie neben die Blume von Paula. „Wenn deins eine Blume ist, ist meins ein Baum."

Damit sind alle einverstanden und Susanne liest laut vor: „*Deine Fähigkeiten werden wachsen.*"

Max gibt den Löffel an seine Mutter weiter.

Sie dankt mit einem leichten Kopfnicken und meint: „Schön, Max, da sind wir ja froh, dass deine Fähigkeiten wachsen. Wenn du nächstes Jahr aufs Gymnasium gehen willst, musst du dich schon noch ein wenig anstrengen." Dann legt auch sie Blei in den Löffel und gießt die geschmolzene Masse in die Schüssel. „Hm. Ich habe einen Hinkelstein. Nein, besser ein Ei. Andreas, schau du mal bitte für mich nach."

Ihr Ehemann liest: „*Deine Familie wird wachsen.*"

Susanne schüttelt den Kopf. „Auf keinen Fall, mit zwei Kindern sind wir schon genug."

Agnes Rautenberg und Andreas amüsieren sich über die gespielte Entrüstung.

Die kleine Paula aber schaut ernst zu ihrer Uroma und sagt: „Wir haben ja die Uri-Oma neu bekommen. Die gehört doch jetzt auch zur Familie, oder?“

„Natürlich.“

Nun ist Andreas an der Reihe. Ein Halbmond! Seine Frau Susanne überfliegt leise den Text, der dazugehört, und lacht mit einem Mal, bis ihr die Tränen in die Augen schießen.

„Nun mach schon, was ist denn an einem Mond so lustig, dass du gar nicht mehr sprechen kannst.“ Andreas streicht sich dabei über seinen Bauch, der im letzten Jahr enorm an Umfang zugenommen hat.

„Der Mond bedeutet: *Ganz egal, ob Sie dieses Jahr zu- oder abnehmen: Ihre Anziehungskraft bleibt unverändert stark.*“

Andreas wirft seiner Frau einen missbilligenden Blick zu und gibt seiner Großmutter wortlos den Löffel weiter.

Nun ist die Uri-Oma dran. Als Letzte, denn Agnes Rautenberg wird im nächsten Jahr 90. Sie schmilzt das Blei und lässt es mit einem Plumps ins Wasser fallen. Nach einer kleinen Weile holt sie es vorsichtig heraus und legt es mitten auf den Tisch.

Staunend begutachten die anderen das Stück.

Max ist der Erste mit seinem Kommentar: „Das sieht ja aus wie ein richtiger Engel."

Die kleine Paula nickt andächtig. „Der ist aber schön, Uri-Oma. Kann ich den haben?"

Noch bevor die alte Dame antworten kann, sagt schon die Mutter: „Hört mal! Bei Engel steht: *Gutes wird zu dir kommen.*"

Da wirft Andreas schnell ein: „Oma, dann musst du deinen Engel auf jeden Fall behalten. Als Glücksbringer. Wir hoffen doch, dass es dir bei uns in Erlangen gefällt. Und dass wir im neuen Jahr eine gute Zeit miteinander verbringen."

Alle Augen sind nun auf Agnes Rautenberg gerichtet. Sie wendet sich lächelnd an ihren Enkel: „Ja, Andreas, ich freue mich, dass ich dich jetzt wieder öfter sehen kann. So wie früher, als du oft bei mir warst, weil deine Eltern gearbeitet haben." Und mit Blick auf Max und Paula fährt sie fort: „Ich freue mich auch ganz besonders, dass ich miterleben darf, wie meine Urenkel aufwachsen."

Draußen beginnen die Mitternachtsglocken zu läuten. Ein farbenfrohes Feuerwerk bringt den nachtschwarzen Himmel zum Leuchten. Drinnen stoßen die Erwachsenen mit Sekt auf das neue Jahr an, die Kinder mit Gänsewein. Sie alle freuen sich auf die Zukunft, die sie gemeinsam meistern werden.

Der Mützenklau

Frau Herold geht wie jeden Morgen kurz vor acht zum Briefkasten, um die Zeitung zu holen. Sie zieht ihre offene Jacke vorne fest zusammen und schiebt die Hände unter die Achseln. Es ist bitterkalt. Glitzernde Eiszapfen hängen von der Regenrinne am Schuppen und der eisige Schnee knirscht unter ihren Pantoffeln. „Was für ein Wintermorgen", denkt Frau Herold, „wie früher, als der Schnee manchmal so hoch war, dass man morgens fast nicht aus der Tür kam."

Ihr Hund Hasso ist schon im Garten und stapft durch den weißen Schnee, obwohl er alt ist und sich sonst bei diesem Wetter so wenig wie möglich draußen aufhält. Plötzlich kratzt der Schäferhund aufgeregt an einem schwarzen Bündel im Schnee herum. Frau Herold ruft Hasso heran und wartet an der Haustür, bis er schwanzwedelnd auf sie zuläuft.

Sie erschrickt. Was hat er da nur in seiner Schnauze? Ihr bleibt das Herz fast stehen: Kater Blacky von den Nachbarskindern? Der ist doch schnell wie der Blitz und macht sich immer einen Spaß daraus, den alten Hund zu ärgern.

Frau Herold kneift die Augen zusammen, um genauer sehen zu können. Ihre Brille liegt auf dem Küchentisch, aber dass da irgendetwas Schwarzes aus Hassos Maul hängt, kann sie auch so erkennen.

Sie sendet ein Stoßgebet zum Himmel: „Guter Gott, lass es nicht der Kater von Max und Paula sein!" und schreit: „Aus, Hasso! Bist du verrückt geworden. Aus! Sofort!"

Von dem Geschrei aufmerksam geworden, kommt ihr Mann an die Tür. „Was ist denn los, Anna, warum schreist du denn so rum?"

Frau Herold ist den Tränen nahe. „Hasso hat den Nachbarskater totgebissen."

Ihr Mann lacht. „Aber Anna, du solltest wirklich nicht mehr ohne Brille aus dem Haus gehen. – Das ist doch eine schwarze Wollmütze. So eine, wie der Max von drüben eine hat."

Frau Herold schnauft erleichtert auf. „Gott sei Dank." Sie nimmt Hasso die zerfetzte Mütze weg und trägt sie zur Abfalltonne. „Aber dann hat der arme Bub ja gar keine Mütze mehr. Wir müssen in die Stadt fahren und ihm eine neue kaufen."

Gesagt, getan. Sie fahren gleich nach dem Frühstück los.

Der Verkäufer im Sportgeschäft meint: „Im Moment haben wir keine schwarzen Kindermützen. Die sind nicht mehr modern. Alle tragen jetzt grellbunte Häkelmützen."

Nach langem Hin und Her entscheidet sich Frau Herold für eine Mütze mit grünen, blauen und roten Streifen. Etwas arg bunt ist sie ja schon, aber die anderen Modelle sind auch nicht besser.

Als sie mittags beim Essen sitzen, sehen sie Max am Zaun vorübergehen. Frau Herold lässt Messer und Gabel fallen, schnappt sich die neue Mütze und läuft auf die Straße. Sie ruft Max zurück und winkt ihm heftig mit dem bunten Wollteil zu.

Und schon kommt er erwartungsvoll angeflitzt. Nach einem schnellen Blick auf ihre Hand beginnen seine Augen zu leuchten. „Voll cool, Frau Herold. – Ist die für mich?"

Seine alte schwarze Mütze ist ihm schon lange peinlich. Alle seine Freunde haben bunte Häkelmützen, nur er nicht. Obwohl er seiner Mutter immer wieder mit der Notlüge kommt, dass die Wolle an seinen Ohren kratzt, besteht sie darauf, dass er nicht ohne Mütze aus dem Haus geht. Eine neue zu kaufen – jetzt, drei Wochen vor Frühlingsbeginn! –, kommt für sie gar nicht infrage.

Deshalb hat Max in den letzten Tagen schon morgens auf dem Schulweg die verhasste Mütze bei seinen Nachbarn in der Hecke am Zaun deponiert und erst mittags wieder herausgeholt. Heute früh aber muss Hasso sie bei seiner Morgenrunde durch den Garten entdeckt haben.

Max greift nach der grellbunten Häkelmütze. Er stülpt sie sofort über seine rot gefrorenen Ohren und strahlt. „Danke, Frau Herold, so ein cooles Teil habe ich mir schon ewig gewünscht!"

Da erwidert Frau Herold lachend: „Eigentlich müsstest du dich ja bei Hasso bedanken. Ohne seinen Spürsinn hättest du bestimmt keine neue Mütze bekommen." Sie zieht ihm im Scherz die grün-blau-rote Mütze tiefer ins Gesicht. „Geh heim zum Mittagessen, deine Mutter wartet bestimmt schon auf dich."

Falsch verbunden

Heute ist ein ganz besonderer Tag: Max Rautenberg hat Geburtstag, er ist jetzt zehn Jahre alt.

Nachmittags gibt es Kaffee und Kuchen mit den Eltern, seiner Schwester Paula und seiner Urgroßmutter. Er freut sich nicht besonders auf das Kaffeekränzchen. So was ist uncool, findet er, aber seine Mutter besteht darauf.

Um drei holt sein Papa die Urgroßmutter aus dem Seniorenheim. Sie übergibt Max einen zugeklebten Briefumschlag. Damit stockt sie sein Taschengeld auf.

Kaum sind Teller und Tassen leer, darf Max endlich sein neues Handy holen und vorführen. Stolz drückt er mal hier, mal dort auf die Tasten und erklärt, was sich damit alles machen lässt. Jetzt kann er das Telefon überall mit hinnehmen und im Notfall seine Eltern anrufen.

Paula schüttelt nur den Kopf, als er es ihr zum Ausprobieren hinhält. Sie hat Angst, etwas kaputtzumachen.

Da greift seine Uroma danach und will sich

das Handy genauer anschauen. Sie untersucht die verschiedenen Ein- und Ausgänge für Kopfhörer, Ladekabel, USB-Schnittstelle ... Schließlich lässt sie sich von Max einige Klingeltöne vorspielen. Sie lacht, als auch *„Horch, was kommt von draußen rein"* als Melodie erklingt.

„Nicht schlecht", meint sie dann. „Heute hat Hinz und Kunz so was in der Tasche. Aber früher war das Telefonieren noch etwas Besonderes. Nur die reichen Leute und die vom Militär konnten sich das leisten", erzählt Agnes Rautenberg und nimmt einen Schluck von ihrem Eierlikör. „Wenn ich denke, wie ich nach dem Krieg ..."

Max sucht die Augen seiner Mutter: Er will auf sein Zimmer gehen und nicht eine von diesen alten Geschichten mit anhören müssen. Aber auch ohne Worte gibt Mama ihm zu verstehen, dass das Geburtstagskind bis zum Schluss am Kaffeetisch bleibt.

„Nach dem Krieg bin ich allein hier im Westen angekommen – ohne Otto. Mein Mann war ja vermisst gemeldet. Aber den kleinen Kurti hatte ich dabei, euren Opa aus Böblingen. Ich habe mich schnell nach Arbeit umgesehen, ich musste ja meinen Jungen irgendwie durchbringen."

Max steckt sich heimlich die Lautsprecherstöpsel in die Ohren. Zum Glück bemerkt das nur seine Mutter. Aber sie lässt ihn gewähren, heute ist schließlich sein großer Tag.

„Zum Glück haben sie bei der Post gerade ein Fräulein vom Amt gesucht", fährt Agnes Rautenberg unbeirrt fort. „Ich hatte keine Ahnung, was so ein Fräulein tut, aber ich war noch jung und ich habe mich mit dem Lernen nie schwergetan. Also habe ich mich vorgestellt – und ihr könnt mir's glauben oder nicht, ich wurde vom Fleck weg eingestellt."

Triumphierend schaut sie in die Runde.

„Ich habe schnell begriffen, wie die Technik funktioniert. Und die Arbeit am Klappenschrank mit den Unmengen von Steckern und Kabeln hat mir Spaß gemacht."

Jetzt räuspert sie sich und fängt an, mehr zu singen als zu reden:

„Hier Amt, Fräulein Agnes, was beliebt?" Agnes Rautenberg macht eine kurze Pause und tut so, als würde sie einem Anrufer konzentriert zuhören.

„Sie wünschen die Nr. 44, ich bestätige."

Wieder schweigt sie einen Moment und lauscht in die Luft.

„Teilnehmer frei, bitte rufen."

Agnes Rautenberg schmunzelt. „Ja, das war eine aufregende Zeit. Sogar Englisch mussten wir lernen, damit wir auch die amerikanischen Soldaten weiterverbinden konnten."

Plötzlich klingelt das neue Mobiltelefon. Max reißt sich die Stöpsel aus den Ohren. Obwohl er natürlich neugierig ist, wer da anruft, hält er das Handy seiner Uroma vors Gesicht. „Jetzt kannst du zeigen, was du noch draufhast. Ich drücke und du sprichst Englisch."

Wie selbstverständlich richtet sich die Uri-Oma auf und nimmt sein Funktelefon entgegen.

„Hello, Agnes is calling, can I help you?"

Keine Antwort, nur ein Knistern in der Leitung ist zu hören. Am anderen Ende legt jemand auf, ohne sich gemeldet zu haben.

Alle schauen enttäuscht auf die alte Dame, das ehemalige Fräulein vom Amt. Die Mutter von Max und Paula will sie trösten: „Der Anrufer konnte bestimmt kein Englisch. Nicht alle sind so weltgewandt wie du, Uri-Oma."

Das Festnetztelefon in der Diele läutet. Max rennt hin, er ist ja heute die Hauptperson und alle wollen sowieso nur ihn sprechen. Er bringt das Mobilteil ins Wohnzimmer, schaltet auf „laut" und legt es auf den Zimmertisch.

Sie hören Opa Kurt aus Böblingen, den Sohn seiner Uri-Oma. Er ist ganz aufgelöst. „Hallo, Max, wir wollten dich auf deinem neuen Telefon anrufen. Aber dein Papa muss mir die falsche Nummer gegeben haben. Stell dir vor, wir waren mit Amerika verbunden. Was das wieder kosten wird!“

Andreas, der Vater von Max, grinst schadenfroh vor sich hin, sagt aber kein Wort.

„Ach ja, Max“, fährt der Anrufer fort, „jetzt habe ich vor lauter Schreck das Wichtigste vergessen: Alles Gute zum Geburtstag! Die Oma will dich auch noch sprechen. Sie steht schon hinter mir …“

Alle hören mucksmäuschenstill zu, bis das Gespräch beendet ist. Dann drückt Max die Taste am Telefon zum Auflegen. Grinsend führt er die Muschel wieder an sein Ohr und tut so, als wollte er noch mal telefonieren. „Hello, Agnes is calling, can I help you?“

Schallendes Gelächter in der Runde. Agnes Rautenberg schießen vor lauter Lachen ein paar Tränen in die Augen. Es ist doch auch zu witzig, dass ihr eigener Sohn sie vorhin am Telefon nicht erkannt hat. Nur weil seine Mutter ein paar Worte Englisch gesprochen hat, ist er auf die Idee gekommen, er wäre mit jemandem aus Amerika verbunden.

Max strahlt. Durch sein neues Handy ist aus dem uncoolen Kaffeeklatsch doch noch ein schönes Geburtstagsfest geworden.

Der Palmesel

Die kleine Paula sitzt bei Frau Herold am Küchentisch. Vor ihr verstreut liegen lange Ruten Weidenkätzchen, kurze Äste vom Buchsbaum und ein Zweig der blauen Scheinzypresse aus dem Garten hinter dem Haus. Draußen ist es kalt und ein beißender Wind jagt durch die Straßen. Immer wieder tanzen vereinzelt Schneeflocken am Fenster vorbei.

„Viel zu kalt für diese Jahreszeit“, hat Paulas Mutter mittags mit einem tiefen Seufzer gesagt. „Du kannst heute nicht draußen spielen. Klingel doch mal bei den Nachbarn, vielleicht haben die Zeit für dich.“

Das hat Paula dann auch getan. Als Frau Herold an die Tür trat, schlug sie die Hände über dem Kopf zusammen und rief: „Komm schnell herein, Kind. Dich schickt der Himmel.“

Sie hatte nämlich ihrer Tochter Julia versprochen, dieses Jahr die Palmbuschen für das Seniorenheim zu basteln, in dem auch Paulas Uroma Agnes Rautenberg wohnt. Julia arbeitet dort als Pflegerin.

Aber ausgerechnet heute Nachmittag muss Herr Herold das Auto in die Werkstatt bringen und kann seiner Frau nicht mit den Palmbuschen helfen. Da kommt die kleine Paula gerade recht, auch wenn sie erst fünf Jahre alt ist.

In der Küche vermischt sich der Geruch der grünen Zweige mit dem Duft von heißer Schokolade. Paula lässt ihre Tasse unberührt stehen. Sie schneidet mit höchster Konzentration gleich lange bunte Bänder von einer Rolle ab, so, wie es ihr die Nachbarin vorgemacht hat. Ihre Backen glühen vor Eifer.

Frau Herold ist damit beschäftigt, bunte Rosetten aus gewelltem Krepppapier zu basteln. Diese sollen in die Palmbuschen mit eingearbeitet werden.

Die beiden arbeiten eine Weile still nebeneinander her. Mit einem Mal fällt Frau Herold ein, dass die junge Familie nebenan ja evangelisch ist, und fragt: „Weißt du überhaupt, was diese Palmbuschen bedeuten?"

Paula schüttelt den Kopf. „Keine Ahnung. Aber sie sehen schön aus. Schön bunt, wenn sie fertig sind."

Frau Herold beginnt mit einem kleinen Vortrag: „Die Palmbuschen sollen an den Einzug Jesu Christi in Jerusalem erinnern. Er ist damals auf dem Rücken eines Esels geritten und die

Menge hat mit Palmwedeln gewedelt und gerufen: ‚Hosanna dem Sohne Davids!' …"

Verwundert fragt Paula dazwischen: „Und für wen wedeln die Menschen dann am Sonntag mit unseren Palmbuschen?"

Da muss Frau Herold lachen. „Heute ist das anders, mein Kind. Der Pfarrer weiht sie vor dem Gottesdienst. Sie sollen das Haus vor Blitz und Feuersgefahr bewahren. Daheim werden die Buschen dann im Herrgottswinkel ans Kreuz gesteckt, damit Gott uns beschützt."

Paula gefällt das und sie fragt, ob sie auch einen von den geweihten Palmbuschen haben kann.

„Am besten gehst du morgen mit mir im Seniorenheim in die Kirche. Da lassen wir alle Buschen segnen, und anschließend kannst du dir den schönsten aussuchen."

Am nächsten Morgen ist Paula als Erste auf den Beinen und stürmt ins Schlafzimmer ihrer Eltern. Mama muss sie für den Gottesdienst im Seniorenheim fertig machen.

Susanne und Andreas sind nicht besonders glücklich über die frühe Störung, sie stehen aber für ein gemeinsames Frühstück auf.

Paula darf ihr schönstes Kleid anziehen, allerdings nur unter der Bedingung, dass sie in der Kirche ihren dicken Wintermantel anlässt.

Am Tisch erzählt die Kleine dann stolz, was sie alles über den Palmsonntag weiß, auch das vom Ritt auf dem Esel.

Daraufhin sagt ihre Mutter: „Wir haben zwar keinen Herrgottswinkel und auch keinen Palmbuschen, aber einen Esel haben wir heute auch."

Paula sieht sie verdutzt an.

Da fängt ihr Vater an zu lachen. „Das stimmt, Paula. Einen Palmesel. Weil du uns heute so früh aus den Federn geholt hast, ist dieses Jahr dein Bruder unser Palmesel. Das ist nämlich immer der, der am Palmsonntag am längsten schläft. Und als Palmesel muss Max uns drei jetzt den ganzen Sonntag lang bedienen."

Paula freut sich natürlich und als sie schon ihre Schuhe anzieht, sagt sie: „Eigentlich ist das ja auch ganz gerecht. Ich habe gestern gearbeitet, den ganzen Nachmittag lang, und Max hat gar nichts getan."

Es klingelt. Frau Herold kommt, um ihre kleine Nachbarin zum Kirchgang abzuholen.

Schon im Gehen ruft Paula ihren Eltern noch zu: „Jetzt such ich mir den schönsten Palmbuschen aus. Und dann faulenze *ich* den ganzen Tag."

Die Häschenschule

Paula sitzt am Küchentisch und zappelt mit den Füßen. Sie hofft, dass ihre Mama mit dem Essen bald fertig ist. Heute ist Donnerstag und jeden Donnerstagnachmittag besucht die Fünfjährige ihre Urgroßmutter im Seniorenheim.

In der Hand hält sie ein Buch, das die Uri-Oma ihr vorlesen soll. Die Bilder hat sie sich schon angesehen. Die Geschichte handelt von einem Hasenjungen und einem Hasenmächchen in der Schule. Aber was machen die beiden da? Paula geht in den Kindergarten, sie kann noch nicht lesen und ihre Mama hat tagsüber keine Zeit dazu.

Irgendwann hält es die Kleine nicht mehr länger am Küchentisch aus. Sie läuft schon mal in den Garten. Wenn sie am Tor wartet, geht alles vielleicht ein bisschen schneller.

Paula sieht rüber in den Nachbargarten. Frau Herold hat ihr das Hasenbuch heute Vormittag über den Zaun gereicht mit den Worten: „Schau mal, was ich noch von meiner Julia gefunden habe. Nicht mehr ganz neu, aber wunderschöne Geschichten. Das Buch schenke ich jetzt dir."

Endlich geht es los. Noch nie ist Paula die Fahrt bis zum Seniorenheim so lange vorgekommen wie heute. Alle Ampeln sind rot und die Autos vor ihr kriechen dahin wie die Schnecken. Es dauert eine halbe Ewigkeit, bis sie auf dem Parkplatz ankommen und aussteigen können.

Ungeduldig zerrt Paula an der Hand ihrer Mutter. Warum darf sie nicht alleine bis zur Uri-Oma laufen? Sie findet doch den Weg auch ohne sie und die Mama geht doch sowieso gleich wieder. Als Zahnarzthelferin muss Susanne Rautenberg am Donnerstag immer besonders lange arbeiten. Ihr Mann würde nach Dienstschluss die Kleine wie immer bei seiner Großmutter abholen.

Endlich kann Paula ihrer Uri-Oma das neue Buch hinhalten.

Doch diese schüttelt bedauernd den Kopf. „Tut mir leid, Mädchen, meine Brille ist kaputt. Ich bekomme sie erst morgen wieder. Heute kann ich dir ausnahmsweise mal nichts vorlesen."

Vor Enttäuschung ist Paula den Tränen nahe. Sie ist doch so neugierig auf die Geschichte mit den Hasenkindern in der Schule! Schluchzend vergräbt sie ihr Gesicht in den Armen.

Frau Rautenberg dreht das Buch verlegen in den Händen. Mit einem Mal hält sie das Bild auf dem Umschlag dicht vor ihre Augen. „Aber das ist doch *Die Häschenschule*, Paula“, ruft sie aus. „Das Buch war in meiner Schultüte.“

Paula hebt den Kopf. Mit dem Ärmel wischt sie sich Rotz und Tränen aus dem Gesicht.

„Weißt du, zu meiner Zeit ist man ja noch Ostern eingeschult worden. Ich habe die Geschichte bestimmt schon hundertmal gelesen.“

Uri-Oma klappt die erste Seite auf und entziffert mühsam ein paar Wörter: *„Kinder, spricht die Mutter Hase …“* Wie durch Zauberei fallen ihr die ersten Reime wieder ein:

„‚Kinder‘, spricht die Mutter Hase,
‚putzt euch noch einmal die Nase
mit dem Kohlblatt-Taschentuch!
Nehmt nun Tafel, Stift und Buch!
Tunkt auch eure Schwämmchen ein!
Sind denn eure Pfötchen rein?‘
‚Ja!‘ – ‚Nun marsch, zur Schule gehn!‘
‚Mütterchen, auf Wiedersehn!‘“

Paula staunt. Mit großen Augen blättert sie Seite um Seite weiter und lässt ihre Uroma die Geschichte der Hasenkinder vortragen. Kein Zweifel, die alte Dame hat nach über achtzig Jahren noch fast alle Verse im Kopf.

Am besten gefällt der kleinen Paula die Stelle, wo Hasenhans und Hasengrete lernen, wie man Ostereier verziert. Immer und immer wieder muss Agnes Rautenberg die Reime aufsagen – und hat selber ihren Spaß dabei. An manchen Stellen kann Paula bald mitsprechen. Die beiden merken gar nicht, wie die Zeit vergeht.

Als ihr Papa kommt, um sie abzuholen, freut sie sich gar nicht so sehr wie sonst am Donnerstagabend. Aber sie kann ja *Die Häschenschule* gleich nächste Woche wieder mitbringen.

An der Tür dreht sie sich noch einmal zu ihrer Urgroßmutter um und sagt zum Abschied: „Es gibt bestimmt niemanden auf der ganzen Welt, der die Geschichten von den Hasenkindern so gut erzählen kann wie du."

Tanz in den Mai

Die Pfingstrosen tragen dicke Knospen zwischen ihren Blättern. Selbst der Rhabarber im Beet gleicht mehr einer herausgeputzten Blume als einem Gemüse.

Andreas Rautenberg besucht nach der Arbeit seine Großmutter im Seniorenheim. Er hat sich vorgenommen, mit ihr in den Garten zu gehen. Auch wenn sie im Rollstuhl sitzt, soll sie diesen herrlichen Tag nicht verpassen.

Als er anklopft, hört er nur ein schwaches „Hallo". Besorgt öffnet er die Zimmertür.

Agnes Rautenberg sitzt vor dem Fernseher. In einem der Regionalsender läuft gerade die Sendung *Wirtshausmusikanten*. Die Großmutter sieht den festlich gekleideten Paaren auf dem Bildschirm zu, wie sie über den Tanzboden gleiten. Als sie ihren Enkel bemerkt, seufzt sie: „Ja, Tanzen ist wunderbar. Was habe ich früher gerne getanzt! Aber jetzt … mit meinem Rollstuhl …" Traurig schüttelt sie den Kopf. Doch dann wedelt sie mit einer entschiedenen Handbewegung die schwarzen Gedanken beiseite. „Schön, dass du da bist, Andreas."

Der Enkel versteht ihren Kummer, geht aber nicht darauf ein, sondern holt die dicke Wolldecke für draußen aus dem Schrank. Er schaltet den Fernseher ab und meint: „Jetzt fahren wir erst mal raus in den Sonnenschein. Das wird dir bestimmt guttun."

Sie drehen eine große Runde um das Viertel und kommen eine Stunde später gut gelaunt wieder im Seniorenheim an.

Zu Hause erzählt Andreas seiner Frau Susanne von seiner traurigen Oma, die im Rollstuhl nicht mehr tanzen kann.

Da hat Susanne eine Idee: „Du weißt doch, dass ich zum Yoga immer in den Turnverein gehe. Vor unserem kleinen Raum hängt ein Schaukasten mit Veranstaltungshinweisen. Wenn ich vor der Stunde noch ein bisschen warten muss, lese ich mir dort immer die Mitteilungen durch."

„Ja und?"

„Zu dem Verein gehört auch der Rollstuhlclub!"

Andreas weiß immer noch nicht so recht, was sie ihm damit sagen will.

„Stell dir vor: Letzten Dienstag habe ich gesehen, dass es heuer einen Tanz in den Mai gibt. Einen Tanzabend für die Mitglieder des Rollstuhlclubs und ihre Gäste. Vielleicht solltest du dort mal anrufen."

Zwei Wochen später, am Abend vor dem ersten Mai, zieht Andreas seine beste Hose und ein weißes Hemd mit Krawatte an, bevor er ins Seniorenheim fährt. Er hat seiner Großmutter einen Ausflug versprochen, den wollen sie heute machen. Eine Überraschung, seine Oma weiß nur, dass sie sich dafür hübsch machen soll.

Er tritt ins Zimmer und da sitzt die alte Dame schon: fix und fertig für den Ausgang. Andreas freut sich. „Du siehst aber schick aus, Oma." Anerkennend streicht er über das geblümte Kleid und die farblich dazu passende leichte Strickjacke. „Mit Perlenkette sogar, die habe ich ja schon lange nicht mehr bei dir gesehen."

Agnes Rautenberg strahlt. „Ja, am Vormittag war extra die Friseurin da." Sie legt ihre weiche Nappalederhandtasche auf ihren Schoß und will endlich los. „Wartet deine Familie schon im Auto?"

Andreas lacht. „Nein, Oma, die nächsten Stunden gehören dir und mir ganz allein."

Zu Fuß bringt er sie im Rollstuhl zur größten Turnhalle der Stadt. Aus dem offen stehenden Portal schwappt ihnen Walzermusik von Johann Strauß entgegen. Durch die Fensterscheiben sehen sie, dass einige Paare sich schon über die Tanzfläche bewegen. Immer ein Rollstuhlfahrer und eine Begleitperson.

Erwartungsvoll schiebt Andreas seine Oma in die Halle und an den Rand des Geschehens. Erst schauen sie nur zu. Aber bald schon beginnt der junge Mann, ihren Rollstuhl im Takt der Musik so hin und her zu schwingen, wie die anderen es auch machen. Was ihm am Anfang noch schwerfällt, geht nach und nach immer leichter. In einer kurzen Verschnaufpause bemerkt Andreas: Die Mutigeren unter den Tänzern schieben gar nicht den Rollstuhl vor sich her, sondern fassen ihre Partnerin bei den Händen und ziehen sie mit Rückwärtsschritten über die Fläche. Vorsichtig dreht auch er seine Oma ein paar Mal im Kreis. Und schon lässt er sie über die Längsseite des Tanzbodens gleiten. Agnes Rautenberg jauchzt vor Vergnügen und lässt die gefassten Hände im Rhythmus der Musik auf und ab schwingen. Die beiden haben einen Riesenspaß dabei.

Nach etlichen Liedern stellt Andreas seine Oma an einen der mit Blumen geschmückten Tische und holt zwei Gläser Sekt. Vergnügt prostet er ihr zu. „Na, Oma, gefällt dir unser Tanz in den Mai?“

Die alte Dame erhebt ihr Glas und strahlt ihn

an. „Eine größere Freude hättest du mir nie im Leben machen können."

Andreas stellt die Gläser beiseite und nimmt die kleine Hand seiner Oma zwischen seine kräftigen Finger. „Dann trage ich mich am besten gleich in deine Karte für das nächste Jahr ein", schlägt er mit einem Augenzwinkern vor. „Ich will dann wieder deine Begleitung für den Tanz in den Mai sein."

Viele bunte Murmeln

Anna und Willi Herold spazieren durch ihren blühenden Garten. In den alten Obstbäumen tummeln sich Amseln, Meisen, Finken. Vogelstimmen mischen sich zu einem fröhlichen Konzert.

„Wir haben Glück gehabt", meint Herr Herold. „Das Unwetter heute Mittag scheint bei uns keinen ernsthaften Schaden angerichtet zu haben."

Frau Herold hebt hier und da ein verwehtes Blatt auf. Außer geknickten Ästen und umgekippten Blumentöpfen ist wohl nichts zu beanstanden.

Als die beiden sich der Grenze zum Nachbargrundstück nähern, um dort den Zustand ihrer Beerensträucher zu begutachten, hören sie Kinderstimmen. Kein Lachen, auch keine freundliche Unterhaltung, sondern gemeinsames Schimpfen.

„Na, na!", ruft Herr Herold in diese Richtung, „wer wird sich denn an so einem schönen Tag ärgern?" Neugierig beugt er sich über die Hecke und sieht drüben Paula und Max im

Rasen sitzen. Sie hantieren lustlos mit ein paar bunten Murmeln herum.

„Was macht ihr denn da?“

Max hebt den Kopf, damit er das Gesicht des Nachbarn über dem Liguster sehen kann. „Die Oma aus Böblingen hat uns ein Netz mit Murmeln geschickt, zum Spielen in der frischen Luft. Und jetzt hat uns Mama damit in den Garten geschickt. Ich soll hier den Babysitter machen und mit Paula schussern.“ Er schaut genervt auf seine kleine Schwester und leise, doch nicht leise genug, fügt er hinzu: „Null Bock, echt!“

Herr Herold kratzt sich ratlos an seinem glatzköpfigen Schädel. Doch dann hat er eine Idee. Er wendet sich seiner Frau zu und fragt: „Anna, sind da nicht noch die Murmeln von unserer Julia auf dem Dachboden?“ Und in Richtung Kinder murmelt er: „Mit euren paar Dingern da kann man doch gar nicht richtig spielen.“

Die Kinder nicken einträchtig.

Frau Herold läuft ins Haus, um die Murmeln ihrer Tochter zu suchen.

„Kommt doch rüber!“, schlägt Herr Herold inzwischen vor. „Dann zeig ich euch, wie wir früher geschussert haben. Auf eurem feinen Rasen dürft ihr bestimmt keine Löcher graben.“ Anders als sein eigener naturnaher Nutzgarten sieht das nahezu pflanzenfreie Grundstück nebenan für ihn wie eine grüne Wüste aus.

Herr Herold hebt die kleine Paula gleich über den Zaun und Max rennt außenrum. Der Rentner holt aus seinem Schuppen eine Gartenharke und einen Blechkübel, den er dem Jungen in die Hand drückt. „Nimm dir schon mal einen Eimer Sand vom Haufen da hinten und mach unter dem Apfelbaum eine glatte Spielfläche mit einem Loch in der Mitte."

Max schaut ihn zweifelnd an.

„Das kannst du, probieren geht über studieren. – Oder hast du Angst, dass meine Anna deswegen böse wird?"

Max schüttelt lachend den Kopf und macht sich an die Arbeit.

Vom Haus her kommt Frau Herold angelaufen, an den Latz ihrer Schürze presst sie eine alte Holzkiste. Sie stellt sich vor Paula, zwinkert verschwörerisch mit den Augen, öffnet langsam den Deckel – und präsentiert freudestrahlend unzählige Murmeln aus Marmor oder Glas.

Herr Herold nickt anerkennend. „Ich wusste gar nicht mehr, dass es so viele waren. Die können wir alle gut brauchen. – Paula, du teilst die jetzt in vier Haufen, sodass jeder gleich viel hat."

Die Fünfjährige stürzt sich mit Feuereifer auf den kunterbunten Schatz.

„Ich spiel nicht mit", wehrt Frau Herold ab. „Ich gehe ins Haus und decke den Tisch fürs Abendessen. Du weißt doch: Julia kommt gleich zu Besuch und die ist bestimmt müde nach dem langen Arbeitstag im Altenheim."

Herr Herold nickt zwar, meint aber an das Mädchen gerichtet: „Mach ruhig trotzdem vier Haufen, Paula. Vielleicht überlegt sie es sich ja noch mal anders."

Max ist mit seinen Vorbereitungen fertig. Herr Herold, Paula und er setzen sich im gleichen Abstand um das Loch. Herr Herold erklärt die Spielregel: „Wir werfen reihum und wer als Erster alle seine Murmeln im Loch versenken kann, der hat gewonnen."

Eine Kugel nach der anderen saust durch die Luft. Wenn eine nicht schon beim ersten Wurf ins Loch fällt, wird sie weitergerollt oder -geschubst. Nur ein leises Klacken ist zu hören. Keiner spricht, sogar die Vögel in den Bäumen scheinen vor lauter Spannung den Schnabel zu halten.

Inzwischen ist Julia eingetroffen. Sie wundert sich, dass ihre Mutter alleine vor dem gedeckten Tisch sitzt. „Wo ist Papa? Warum will er mich nicht begrüßen?" Die Antwort darauf kann sie sich nach einem Blick durch das Küchenfenster gleich selbst geben. Dort sieht sie, dass ihr Vater mit den Nachbarskindern auf dem Boden kauert.

Verärgert schüttelt sie den Kopf. „Was macht er denn da mit denen?"

„Ich habe heute deine Murmeln wieder hervorgeholt. Er zeigt ihnen gerade, was man damit machen kann."

„Mit mir hat Papa nie gespielt, kein einziges Mal. Aber von Max und Paula kann er nicht genug kriegen."

Frau Herold lenkt ein: „Dein Vater hat sich als Busfahrer bei der Arbeit immer sehr konzentrieren müssen. Und nach der Schicht war er viel zu müde, um mit dir noch lange zu spielen. Jetzt hat er endlich mehr Zeit."

Julia nickt widerwillig. „Irgendwie kann ich das ja verstehen. Aber jetzt bin ich da, ich hole ihn zum Abendessen. Soll er doch ein anderes Mal mit den Kindern von drüben spielen."

Sie geht in den Garten und sieht, dass die drei mit höchster Konzentration unter der ausladenden Krone des Apfelbaums spielen. Keiner von ihnen beachtet sie. Neben einer dicken Baumwurzel liegt der Haufen mit den übrig gebliebenen Murmeln. Julia hebt eine davon auf und wirft sie mürrisch in das Loch. Volltreffer.

Drei Köpfe fliegen gleichzeitig hoch.

Sie greift wahllos nach der nächsten Murmel und wieder versenkt sie diese auf Anhieb im Loch.

Die Kinder staunen. Herr Herold sagt mit hörbarem Stolz in der Stimme: „Ja, meine Julia, die war schon immer sehr geschickt.“ Mit einer einladenden Handbewegung fordert er sie auf mitzuspielen.

Die junge Frau lässt sich nicht lange bitten, holt sich das Häufchen am Fuße des Baums und lässt sich zwischen Max und Paula nieder. Zu viert machen sie so lange weiter, bis Julia mit Schwung die letzte Murmel wirft. Getroffen. Sie ist die Siegerin des Tages.

Max und Paula klatschen begeistert. Dann sammeln sie schnell alles wieder in die Holzkiste. Für die nächste Runde.

„Halt, halt!“, ruft Herr Herold, als Paula sich daran macht, die Murmeln wieder gerecht aufzuteilen. „Genug für heute!“

Da gibt sich das kleine Mädchen einen Ruck und hält Julia den bunten Schatz hin. „Das sind deine.“

Doch zum Glück greift die junge Frau nicht danach, sondern wehrt lachend ab. „Danke. Aber die Murmeln könnt ihr behalten, zum Üben. Und wenn ich wieder zu Besuch komme, lasst ihr mich mitspielen, klar?“

Milchbuben

Die Geschwister Paula und Max sind heute bei ihren Nachbarn zu Besuch. Ihnen klingt noch in den Ohren, was ihre Mutter zum Abschied gesagt hat: „Anständig sein, nicht wieder das ganze Haus auf den Kopf stellen. Sonst müsst ihr das nächste Mal wieder mitkommen."

Max hasst es, mit seinen Eltern zum Arzt oder zum Einkaufen zu gehen. Für einen Zehnjährigen ist es doch langweilig, stundenlang ruhig zu sitzen und still zu sein! Da ist ein Nachmittag bei den Nachbarn auf jeden Fall besser. Vor allem, wenn sie wie heute versprochen haben, dass es Kakao und Kuchen gibt.

Der Kuchen steht bereits auf dem Tisch: ein Marmorkuchen mit Schokoglasur, so wie ihn Max am liebsten mag. Ihm läuft schon das Wasser im Munde zusammen. Auf dem Herd wartet der Milchtopf und die Milchtüte steht auf der Arbeitsplatte daneben.

„Hoffentlich brauchen die Herolds nicht mehr lange, um die Hasenställe sauber zu machen", denkt er sich. Seine kleine Schwester Paula ist mit ihnen rausgegangen, um zu helfen, aber Max hatte keine Lust dazu.

Langsam wird er ungeduldig. Er rutscht auf seinem Hosenboden hin und her und starrt die Milchpackung an. Nach einer Weile denkt er sich: „Ob ich schon mal alles vorbereite, damit es nachher schneller geht, wenn Frau Herold reinkommt? Ich kann die Milch ja schon mal in den Topf gießen."

Max schraubt den Verschluss von der Milchtüte ab und schaut auf die Plastiklasche darunter. Mit einem Ruck reißt er an diesem zweiten Verschluss – und die Tüte kippt um. Der Junge erschrickt. Während er noch überlegt, was er jetzt tun müsste, ergießt sich die Milch über die Arbeitsplatte, läuft die Schranktüren entlang und auf den Küchenboden. „So ein Mist", denkt Max und steht tatenlos daneben. Er hört Stimmen hinter sich und dreht sich schuldbewusst um.

Die drei anderen sind aus dem Garten zurückgekommen und starren auf die Pfütze.

„Du Blödmann", schreit seine kleine Schwester. „So eine Sauerei. Da dürfen wir bestimmt nicht mehr kommen."

Aber Herr Herold geht dazwischen. „Mal langsam, so schlimm ist es ja dann doch nicht." Er nimmt einen Putzlappen aus dem Schrank unter der Spüle und wischt die Bescherung auf. „Setzt euch mal hin, Kinder, dann erzähle ich euch eine Geschichte, solange meine Anna Tee für uns alle kocht. Kakao gibt's heute keinen, die Milch hier war die letzte, die wir noch hatten."

Die Kinder nehmen am Küchentisch Platz und Frau Herold setzt Teewasser auf.

Herr Herold lässt sich zwischen Max und Paula auf die Holzbank fallen und beginnt zu erzählen: „Als ich etwa so alt war wie du, Max, musste ich immer abends frische Milch vom Bauernhof holen. Damals hatten die Bauern in den kleinen Höfen manchmal nur ein, zwei Kühe. Sie haben noch mit der Hand gemolken."

„Hat man da zuschauen dürfen?", will die kleine Paula wissen.

„Nein, die Kühe waren hinten im Stall und vorn in der Milchkammer wurde die frisch gemolkene Milch aus großen Blechkübeln in unsere Kannen umgefüllt. Die meisten Bauern brauchten nicht alle Milch für sich selbst und haben den Rest an die umliegenden Familien verkauft. Wie an uns damals."

„Dann gab es also früher gar keine Milchtüte", stellt Max erstaunt fest.

„Richtig. – Wir waren drei Kinder und holten täglich einen Liter Milch vom Bauernhof, immer abends. Jede dritte Woche war ich mit

Milchholen dran. Am letzten Tag durfte ich mir dann eine Brezel kaufen, die es bei der Bäuerin nur am Samstag zu kaufen gab. Die zehn Pfennig dafür drückte mir meine Mutter jedes Mal extra in die Hand, weil wir Kinder den Umgang mit Geld lernen sollten."

„So wie wir."

„Einmal ging ich wie immer mit der blechernen Henkelkanne zum Bauernhof. Ich hielt sie am runden Holzgriff und schleuderte sie im Kreis herum. Durch die schnelle Drehung blieb der Deckel auf der Kanne, obwohl er nur aufgelegt war. Als ich sie so kreisen ließ, kam mir mit einem Mal ein Gedanke: Was mit dem Deckel geht, muss doch auch mit dem Geldstück gehen. Ich nahm den Deckel ab und steckte ihn in die Hosentasche. Die Münze aber ließ ich in die Kanne plumpsen und schon begann ich aufs Neue mit meinem Spiel. Stolz, dass das Geld immer noch nicht herausfiel, lief ich die letzten Meter bis zum Bauern immer schneller. Es klappte einwandfrei."

„Toll." Paula klatscht begeistert in die Hände. „Das muss ich mit unserem Putzeimer auch mal probieren."

„Warte. – Als ich auf den Hof einbog, kam mir die Bäuerin schon mit der Brezel entgegen. ‚Na, du hast es aber heute eilig', hat sie zu mir gesagt. ‚Du hast Glück, eine Brezel ist noch da.'

Freudig lief ich auf sie zu, schnappte mir die Brezel und biss gleich hinein.

Die Bäuerin nahm mir die Milchkanne aus der Hand und füllte sie bis zum Rand. Dann verlangte sie das Geld für die Brezel.

Ach, du Schreck! Die Münze lag ja noch immer in der Kanne, unter der Milch. Ich wurde feuerrot und fing an zu stottern.

Die Bäuerin glaubte mir kein Wort, als ich mit der Geschichte rausrückte. Sie nahm mir den Brezelrest ab, packte mich ohne Vorwarnung am Ohr und zog mich quer durch die Milchkammer, um mir einen dicken Besen in die Hand zu drücken. Ich musste den ganzen Raum auskehren und die leeren Milcheimer und das Melkgeschirr mit einer Wurzelbürste schrubben und dann mit einem sauberen Lappen trocken reiben. Als ich endlich fertig war, gab sie mir den Rest meiner Brezel zurück und schickte mich mit meiner Kanne nach Hause."

„Du Armer!" Paula streichelt Herrn Herold voller Mitgefühl die Hand.

„Als ich viel zu spät daheim ankam, wartete meine Mutter bereits auf der Straße. Mein Gesicht glühte, immer noch vom Ohrenziehen und jetzt auch vor Angst vor der Schelte meiner Mutter. Als ich mit Tränen in den Augen von meinem Unglück erzählte, fing sie an zu lachen. Sie ging, immer noch lachend, mit mir in die Küche, goss die Milch durch einen Seiher in einen Topf und wischte die Münze ordentlich ab. Dann gab sie mir das Zehnpfennigstück in die Hand mit den Worten: ‚Das Geld aus der Kanne gehört dir. Du hast deine Brezel ja durch das Putzen in der Milchkammer schon abgearbeitet.'"

„Da bin ich aber froh. Die ist ja genauso lieb wie meine Mama."

„Ich freute mich riesig und war furchtbar stolz auf mein erstes selbst verdientes Geld. Blitzschnell ließ ich es in meiner Hosentasche verschwinden und sauste davon."

Max hat aufmerksam zugehört. Beim Wort Milch hat er allerdings erst mal nicht an eine Kuh gedacht, sondern eher an einen Supermarkt.

Nun meldet sich Frau Herold zu Wort: „So, nachdem heute nicht mein Willi ein Problem mit der Milch hatte, sondern du, Max, bist heute du dran mit dem Abarbeiten. Nimm mal Tassen und Teller aus dem Küchenschrank und stell sie auf den Tisch. Dann schneidest du den Kuchen auf und gibst jedem ein großes Stück. Der Tee ist fertig."

Der Schatz vom Flohmarkt

„Was ist denn hier los? Zieht bei Ihnen einer aus?“ Frau Herold macht neugierig ihr Gartentor auf und geht zum VW-Combi, der mit offener Heckklappe in der Einfahrt ihrer Nachbarn steht. Er ist bis unters Dach voll mit Körben und Kartons.

Susanne Rautenberg zerrt gerade eine Kiste von der Ladefläche und stellt sie schnaufend neben sich auf den Bürgersteig. „Ach, Frau Herold, guten Tag. Ich habe Sie gar nicht kommen sehen vor lauter Rumräumen.“ Sie geht ein paar Schritte auf ihre Nachbarin zu. „Sie wundern sich bestimmt, was ich mit all dem Kram hier mache.“

„Und? Was haben Sie mit den ganzen Kisten und Kästen vor? Kann ich Ihnen irgendwie behilflich sein?“

„Ich schaffe das schon“, stöhnt die junge Nachbarin. „Aber Sie werden’s nicht glauben: Meine drei haben nicht nur unseren eigenen Krempel wieder vom Trödelmarkt mitgebracht, sondern auch noch jede Menge anderes angeschleppt."

Frau Herold runzelt die Stirn.

„Schauen Sie, hier: einen alten Plattenspieler zum Beispiel. Keine Ahnung, was mein Mann und die Kinder sich dabei gedacht haben." Genervt kehrt sie um und tritt wieder an den Kofferraum, wo sie weiter Kinderspielzeug, Bücher und Haushaltsgegenstände auslädt.

Frau Herold überlegt laut: „Unser Plattenspieler ist schon lange kaputt. Aber wir haben uns keinen neuen gekauft. So was braucht man ja heutzutage gar nicht mehr."

„Keine einzige Schallplatte im Haus", schimpft Susanne Rautenberg weiter vor sich hin. „Noch nie eine gehabt." Ohne einen Kommentar abzuwarten, verschwindet sie mit einem vollgestopften Karton im Haus.

„Na", denkt sich Frau Herold, „da hängt ja der Haussegen gewaltig schief", und geht zurück in ihre Wohnung.

Dort erzählt sie ihrem Mann alles haargenau.

Aber Willi Herold lacht bloß. Er schwingt sich aus seinem Sessel und meint: „Da geh ich doch gleich mal auf den Dachboden und schau nach unseren alten Schallplatten. Vielleicht finden sie bei der jungen Familie nebenan wieder Verwendung."

Kurze Zeit später kommt er mit einer Tasche voller Singles in die Küche. Anna und Willi Herold überlegen nicht lange. Gemeinsam gehen sie zur anderen Seite der Doppelhaushälfte.

Sie treffen Andreas Rautenberg in der Garage an. Als er seine Nachbarn bemerkt, streckt er ihnen ratlos den alten Plattenspieler entgegen. „Susanne hat gesagt, ich soll mich mit dem alten Kasten zum Teufel scheren. Mit der ist heute nicht gut Kirschen essen."

Herr Herold deutet geheimnisvoll auf seine prall gefüllte Tasche.

Zögernd zieht Andreas Rautenberg mit jeder Hand eine Schallplatte heraus und wirft einen skeptischen Blick erst auf die Hülle rechts und dann auf die links. „Das sind ja richtige Altertümer."

„Wie wir auch", scherzt Willi Herold. Er drückt seinem jungen Nachbarn die schwere Tasche in die Hand. „Haben Sie hier in der Garage Stromanschluss? Wir könnten doch mal testen, ob der Kasten überhaupt noch geht."

Der junge Mann legt eine der beiden Singles auf den Plattenteller. Ein Kratzen ist zu hören, doch dann ertönt die Stimme von Peter Alexander: *„Ich zähle täglich meine Sorgen ..."*

Die Musik hallt so laut in der Garage, dass im Nu die Kinder auftauchen.

Der zehnjährige Max greift neugierig nach der Tasche. Er holt eine weitere Platte heraus und beginnt laut vorzulesen: „*Wir wollen niemals auseinandergehen …*"

Bevor er den Interpreten nennen kann, kommt es wie aus der Pistole geschossen:

„Heidi Brühl."

Max ist perplex. Er nimmt die nächste Single: „*17 Jahr, blondes Haar …*"

Frau Herold weiß natürlich, dass dieses Lied von Udo Jürgens stammt.

„*Ich brech die Herzen der stolzesten Fraun …*"

„Klar – Heinz Rühmann", ruft Herr Herold aus.

„*Ich will nen Cowboy als Mann …*"

„Gitte Hänning."

So geht es eine ganze Weile weiter.

„*Für mich soll's rote Rosen regnen …*"

„Hildegard Knef."

„*Ganz Paris träumt von der Liebe …*"

„Catarina Valente."

Beim Lied *Marmor, Stein und Eisen bricht* von Drafi Deutscher schauen sich Herr und Frau Herold selig an. Das war schon immer ihr Lieblingslied.

Nach einem schnellen Blick auf die netten Nachbarn zieht Max die Scheibe aus der Papierhülle und legt sie auf.

Willi Herold nimmt seine Anna in den Arm

und die beiden schwingen im Rhythmus der Musik wie in jungen Jahren.

Inzwischen ist auch Susanne Rautenberg hellhörig geworden und in die Garage gekommen.

Mit einem altmodischen „Diener“ wird sie von ihrem Mann Andreas zum Tanz aufgefordert. Im Nu verfliegt ihr Ärger und lachend dreht sie mit ihm eine Runde.

Da wird die kleine Paula eifersüchtig. Sie rennt ihren Eltern hinterher und zerrt so lange an Papas Arm, bis er sie hochnimmt und nun mit seinen beiden Damen bis zum Ende des Lieds vergnügt weitertanzt.

Max aber grinst über beide Ohren, als er seinen Vater lauthals mitsingen hört: „*Marmor, Stein und Eisen bricht, tamm tam, tamm tamm, aber unsere Liebe nicht, tamm tamm, tamm tamm. Alles, alles geht vorbei, doch wir sind uns treu.*“

Ein Hoch auf die Pizza

In den Bäumen singen die Vögel. Warm streicht die Luft an den Blättern entlang. Die Wäsche, die Frau Herold wie jeden Montagvormittag im Garten aufgehängt hat, knattert im Wind.

„Wir brauchen keinen Kalender. Nach dem Tagesablauf unserer Nachbarn kann man sich genauso zuverlässig richten“, hat einmal Andreas Rautenberg von der anderen Doppelhaushälfte kurz nach seinem Einzug scherzhaft gesagt.

Alles im Leben von Herrn und Frau Herold strömt Ruhe und Zufriedenheit aus. Als Herr Herold in Rente ging, hat er sich angewöhnt, seine Frau bei der Hausarbeit zu unterstützen. Das ging anfangs nicht ohne Reibereien vonstatten. Doch mit der Zeit haben die beiden einen neuen Rhythmus gefunden, seitdem läuft ihr Leben wieder in geordneten Bahnen.

Eben nimmt Herr Herold die trockene Wäsche von der Leine. Er will schon wieder ins Haus zurück, als er Max von nebenan schreien hört:

„Dann esse ich eben gar nichts mehr!“ Herr Herold geht zum Zaun und schaut hinüber.

Mit hochrotem Kopf schmeißt sich dort der Zehnjährige auf den Rasen und schlägt wütend auf das trockene Gras ein.

„Was ist denn mit dir los?“

Max stoppt sein Trommeln und Schreien, bleibt aber zornig auf dem Rasen sitzen. „Mama sagt, dass ich sie in der ganzen Schule blamiert habe. Sie schämt sich wegen mir.“

Herr Herold muss sich ein Schmunzeln verbeißen. „Aha.“

„Alle denken jetzt, dass meine Mutter nicht kochen kann.“

„Und deshalb willst du von jetzt an hungern.“

Als könnte Frau Herold Gedanken lesen, ruft sie aus dem Fenster: „Essen fertig, Willi. Komm, sonst wird dein Schnitzel kalt.“

Herr Herold weiß, dass er jetzt gehen muss. Wenn's ums Essen geht, versteht seine Anna keinen Spaß. „Komm doch mit, Max. Für dich reicht es bei uns allemal. Dann kannst du uns erzählen, was du verbrochen hast und warum deine Mama gar so sauer auf dich ist.“

Das lässt Max sich nicht zwei Mal sagen. Er springt auf und läuft schnurstracks in die Küche seiner Nachbarn. Dort grüßt er Frau Herold mit einem schnellen Händeschütteln und setzt sich brav an den Tisch.

„Greif tschu, Junge, du willschd ja mal grosch und schdark werden." Herr Herold ist schlecht zu verstehen, weil er den ersten Bissen bereits zwischen den Zähnen hat.

Max hat zwar einen Riesenhunger, aber immer noch keinen rechten Appetit. Stirnrunzelnd schiebt er das Schnitzel auf seinem Teller hin und her. „Ist das hier ein typisch deutsches Essen?", fragt er schließlich.

„Klar, Max." Herr Herold nimmt eine große Ladung voll Kartoffelsalat und schiebt sie sich in den Mund. „Schnitschel und Kartoffelschalat – fascht wie Schweinebraten und Knödel oder Leberwurscht und Schauerkraut."

Max schluckt. „In Heimatkunde habe ich heute ein deutsches Nationalgericht nennen sollen."

„Und, was hast du gesagt?", fragt Frau Herold. „Schnitzel?"

Max schiebt seinen Teller von sich weg und gesteht mit leiser Stimme: „Ich habe *Pizza* gesagt. Die esse ich am allerliebsten."

Herr Herold fällt vor Überraschung die Gabel aus der Hand. Mit einem lauten Klirren landet sie auf seinem Tellerrand. Die beiden Erwachsenen prusten los.

Da schaut Max sie verwundert an. Seine Mutter hat vorhin nicht gelacht. Und er weiß nicht, was jetzt so komisch sein soll.

„Ja, ja", sagt Frau Herold und wischt sich die

Lachtränen von der Wange. „Die Jugend von heute. Kein Wunder bei dem ganzen ausländischen Zeug, das es in Deutschland an jeder Straßenecke zu kaufen gibt."

„... oder bei dem Zeug, das die vom Lieferservice bringen", ergänzt Herr Herold immer noch lachend.

„Die Pizza von meiner Mama schmeckt am allerbesten. Sie tut immer genau das Richtige drauf."

„Das glaube ich dir gern, Max. Das Problem ist nur", fährt Frau Herold schnaufend fort, „dass das Originalrezept für die Pizza nicht von einem deutschen Koch stammt. Das haben erst die italienischen Gastarbeiter in der zweiten Hälfte des letzten Jahrhunderts mitgebracht."

Herr Herold schiebt zufrieden seinen leeren Teller ein Stück Richtung Tischmitte. „Weißt du, Max, wann ich das erste Mal in meinem Leben eine Pizza gegessen habe?", fragt er. „Da war ich schon ein junger Mann. Meine Anna und ich waren da auf unserer Hochzeitsreise in Italien."

„Hhhm, meine Pizza war lecker – richtig knusprig und dick belegt", fällt Frau Herold ihm ins Wort. „Weißt du noch, Willi, was Tomaten auf Italienisch heißt?"

„Pomodore", kommt es prompt. „Pizza Pomodoro, die fruchtige mit Tomaten und Mozzarella, die war damals mein absoluter Favorit."

Max beginnt, sein lauwarmes Schnitzel zu schneiden.

„Das ist bald vierzig Jahre her, Anna, dass wir mit unserem Opel Kadett über den Brenner bis an den Lido di Jesolo getuckert sind."

„Stimmt, lang, lang ists her. – Weißt du noch, wie wir bei Sonnenuntergang eng aneinander gekuschelt am Strand gesessen sind?"

„Bis es finster war. Und zwar so finster, dass wir anschließend im Pinienwäldchen unser Zelt in stockdunkler Nacht aufschlagen mussten." Herr Herold wendet sich an Max, der still vor sich hin kaut. „Wir hatten beim Packen an alles gedacht, nur nicht an Streichhölzer fürs Petroleumlämpchen oder die Kerzen."

„Ach, wie romantisch das alles war!", schwelgt Frau Herold in Erinnerung an die erste gemeinsame Reise. – „Willi, da will ich noch mal hin", sagt sie plötzlich mit aller Bestimmtheit. „Ich wünsche mir zum vierzigsten Hochzeitstag, dass wir nach Italien fahren. Vielleicht diesmal auch nach Venedig."

„Aber bitte in ein Hotel. Fürs Zelten bin ich mittlerweile zu alt."

„Klar, Willi. Gleich nach dem Mittagsschläfchen gehen wir zusammen ins Reisebüro."

Herr Herold denkt laut über ihren Vorschlag nach. „Eigentlich hast du ja Recht, Anna. Unser Leben ist schön – aber seit ich als Rentner immer daheim bin, ist jeder Tag wie der andere. Diese Reise würde uns beiden sicher guttun."

Max hat unterdessen fertig gegessen. Er will seine Gastgeber nicht länger stören und rückt im Aufstehen leise seinen Stuhl zurück. „Danke für das gute Essen", murmelt er. „Das Schnitzel heute konnte locker mit Mamas Pizza mithalten."

Frau Herold lässt ihn nicht gleich gehen. Sie holt ein großes Eis am Stiel mit Schokoladenüberzug aus dem Gefrierfach. „Das ist für dich, Max, zur Belohnung. Hättest du nicht die Pizza für ein deutsches Nationalgericht gehalten, wären wir nie auf die Idee gekommen, noch mal nach Italien zu fahren. Deine Antwort war im Heimatkundeunterricht falsch, aber sie war goldrichtig für meinen Willi und mich."

Elefantenbrotzeit

Große Ferien – wie langweilig! Alles, worauf sich Max im Frühsommer so gefreut hat, ist inzwischen schal geworden, weil seine Mutter arbeiten muss und die Familie deshalb nicht in den Urlaub fahren kann. Und sein Vater geht in den Schulferien zwar nicht ins Büro wie sonst, aber auch er hat keine Zeit für die Kinder, weil er als Informatiker genauso gut von zu Hause aus arbeiten kann.

Lange zu schlafen beispielsweise oder ohne Schulaufgaben den Nachmittag zu vertrödeln, hat für den zehnjährigen Max seinen Reiz verloren. Es macht einfach keinen Spaß, immer mit der kleinen Schwester spielen zu müssen, nur weil die Freunde verreist sind.

Doch heute wollen Herr und Frau Herold mit ihren Nachbarskindern einen Ausflug in den Nürnberger Tiergarten machen. Pünktlich um zehn Uhr kommen Max und Paula angelaufen und springen erwartungsvoll ins Auto.

Nach einer halben Stunde Fahrtzeit sind sie am Parkplatz vor dem Zoo angekommen. Frau

Herold hat zu Hause Proviant eingepackt und sagt jetzt beim Aussteigen: „Die Rucksäcke tragen die Männer." Dabei zwinkert sie Max zu, der mit seinen zehn Jahren ja eher ein kleiner Mann ist.

Der Junge nimmt den Rucksack gehorsam entgegen, stellt ihn dann aber auf dem Boden ab und bittet: „Kann den nicht jemand anders nehmen?"

Frau Herold schaut ihn überrascht an. „Aber Max, du kannst den doch nicht von uns Frauen schleppen lassen. Soll sich deine kleine Schwester damit abplagen und du gehst locker nebenher?"

Widerwillig nimmt Max den Rucksack hoch. Doch er nörgelt weiter: „Der ist so uncool. Echt langweilige Farben. Und dann auch noch der blöde Elefant und der Affe drauf." Er kann sich nicht durchringen, das Gepäckstück endlich auf den Rücken zu nehmen. „Wenn mich damit irgendwer sieht …", den Rest schluckt er hinunter.

Paula hört verwundert zu. „Mir gefällt er. Der schaut aus wie ein echter Tiergartenrucksack."

Da beginnt Frau Herold zu schmunzeln. „Ja, Paula, da hast du Recht. Das ist wirklich ein Tiergartenrucksack. Solange wir an der Kasse anstehen müssen, kann ich euch erklären, warum."

Max nimmt ihn jetzt doch auf seine Schultern, schließlich will er ja heute noch in den Tiergarten rein.

In der Warteschlange vor dem Eingang erzählt Frau Herold, wie sie zu diesem Rucksack gekommen ist:

„An meinem neunten Geburtstag sind meine Eltern mit mir und meinen großen Brüdern in den Tiergarten gegangen. Das war ein großes Erlebnis, nicht alle Kinder hatten in dieser schweren Zeit so ein Glück.

Damals hat meine Mutter so wie ich heute Proviant für alle eingepackt. Jeder meiner Brüder bekam dafür seinen eigenen kleinen Rucksack. Für mich war aber keiner mehr übrig, darum bekam ich ein gehäkeltes Netz auf den Rücken, in dem sie meine in Butterbrotpapier eingewickelten Leberwurstschnitten verstaut hatte.

Als wir zum Elefantengehege kamen, war ein großes Gedränge und ich konnte überhaupt nichts sehen. Da hat mich mein Vater auf die Schultern genommen, sodass ich weit über die Köpfe der anderen Besucher hinausragte.“

Frau Herold bleibt stehen, um ein wenig zu verschnaufen, vor allem aber, um die Geschichte noch spannender zu machen.

„Auf einmal schwenkte ein Elefant seinen Rüssel und riss mir das Netz vom Rücken. Er zerfetzte es und meine Leberwurstbrote fielen den umstehenden Zuschauern auf den Kopf. Alle schrien auf. Ich war furchtbar erschrocken und begann zu weinen. Endlich scheuchte uns ein Wärter alle weg, um den Elefanten zu beruhigen.

Gerade versprach einer meiner Brüder, seine Brotzeit mit mir zu teilen, da kam ein Mann in einem teuren Anzug auf uns zu. Er winkte mir. Ich sollte zu ihm gehen, doch ich traute mich nicht. Meine Mutter wollte aber wissen, was er von mir wollte, und nahm mich an der Hand. Der elegante Herr erklärte ihr, dass er der Zoodirektor hier sei und dass ihm der Wärter eben von meinem Riesenschreck erzählt habe und dass ihm das alles furchtbar leidtue. Dann hielt er mir einen original Nürnberger Tiergartenrucksack vor die Nase. Den hat er mir als Ersatz für das zerrissene Netz geschenkt."

„Ist das der, den ich heute auf dem Rücken habe?", fragt Max dazwischen.

„Genau. – Damals war das eine große Sache. Nur die reichen Leute konnten sich so einen Rucksack im Tiergarten kaufen. Alle Kinder um mich herum haben mich sehr um dieses luxuriöse Geschenk beneidet."

Endlich sind sie an der Kasse angekommen und Herr Herold kauft eine Familienkarte.

Als Max zum Eingangstor vorausläuft, ruft ein Mann hinter ihm her: „Halt mal an, Junge, warte auf mich."

Max dreht sich verwundert um und bleibt stehen.

„Ist das da der Tiergartenrucksack aus den Fünfzigerjahren?"

„Den habe ich mir heute von meiner Nachbarin ausgeliehen. Die ist da drüben und kann Ihnen mehr dazu sagen."

Eine Traube von Neugierigen hat sich bereits um sie herum gebildet.

„Darf ich mir den mal genauer ansehen?"

Max lässt das gute Stück von den Schultern gleiten und gibt es dem Fremden in die Hand.

Dieser streicht behutsam erst über den Elefanten, dann über den Affen und lächelt versonnen. Schließlich klopft er dem Jungen auf die Schulter. „Auf den solltest du ganz besonders gut aufpassen. Das ist ein wertvolles Sammlerstück. Ich wusste gar nicht, dass der heute noch in Gebrauch ist."

Da streckt Max seine Schultern durch. Er nimmt den Rucksack wieder an sich und marschiert damit stolz durch den Nürnberger Tiergarten. Bei den Elefanten ist er allerdings fast so vorsichtig wie seine kleine Schwester.

Als sie abends müde nach Hause kommen, sagt Max zum Abschied mit Bestimmtheit: „Beim nächsten Ausflug trage *ich* wieder den Nürnberger Tiergartenrucksack."

Und die Herolds lachen, weil der Junge im nächsten Sommer wirklich schon zu groß für einen Kinderrucksack sein wird.

Wer schön sein will …

Heute ist es richtig heiß, über dreißig Grad im Schatten. Die Rollläden an den Fenstern im Seniorenheim sind fast alle heruntergelassen, um die Hitze draußen zu halten.

Agnes Rautenberg sitzt um die Mittagszeit mit einem Handtuch um die Schultern in ihrem Rollstuhl und wartet auf die Friseurin. Ein Täschchen mit den „Knuddeln", wie sie die Lockenwickler nennt, liegt auf dem Tisch bereit. Als sie auf dem Gang den federnden Schritt von Frau Distler vernimmt, ruft sie: „Herein, bitte", noch ehe die junge Frau hätte anklopfen können.

„Hallo, Frau Rautenberg. Wie geht's Ihnen denn heute bei dieser Hitze?"

„Och, mir macht die Hitze nichts aus. Hier in meinem Zimmer ist es kühl und dunkel."

„Na, hoffentlich sehen wir da überhaupt, was ich mit Ihren Haaren mache."

Die alte Dame lacht. „Wir können ja das Licht einschalten. Und außerdem: Bei Waschen, Legen, Föhnen kann ja nicht viel schiefgehen."

„Schneiden wäre heute auf jeden Fall schwieriger." Die Friseurin zieht die beiden Griffe vom

Rollstuhl ab und schiebt Frau Rautenberg vor das Waschbecken im angrenzenden Bad. „Geht es so? Ist ja nicht mehr so einfach wie früher – jetzt mit dem fahrbaren Untersatz.“

„Wissen Sie, das mit dem Haarewaschen war früher auch nicht so einfach. Ich meine ganz früher, als ich noch eine junge Frau war.“

„Was war denn damals anders als heute?“

„Früher hatten fast alle Frauen lange Haare. Auf meinen hätte ich sitzen können, so lang waren die. Ich habe sie immer zu einem Zopf geflochten und dann als Dutt hochgesteckt.“

Behutsam wäscht sie der alten Dame die Haare und trocknet sie mit einem Frotteehandtuch. Sie kämmt die noch feuchten Strähnen aus und beginnt, sie auf große Lockenwickler zu drehen. Nach einer Weile hält Frau Distler kurz in ihrer Arbeit inne. „Frau Rautenberg, war das denn nicht ein Riesenaufwand mit den langen Haaren?“

„Im Duttdrehen jeden Morgen hatte ich Übung, das ging schnell. Über den Dutt habe ich dann oft ein Kopftuch gezogen, zum Beispiel beim Kochen, damit die Haare nicht den Geruch der dampfenden Speisen annahmen.“

„Das kenne ich: In alten Kochbüchern wurden die Frauen oft mit bunten Tüchern auf dem Kopf abgebildet.“

„Wichtig war vor allem, dass die Haare beim

Arbeiten nicht so schnell schmutzig wurden. Sie können sich gar nicht vorstellen, was für eine langwierige Prozedur das Haarewaschen damals war."

Agnes Rautenberg versichert sich mit einem Blick in den Spiegel, dass sie weiterreden soll. – Ja, Frau Distler sieht sie mit erwartungsvollen Augen an, also fährt sie fort:

„Bei uns in Königsberg gab es vor 45 für alle Mieter eines Wohnhauses zusammen nur eine einzige gusseiserne Badewanne mit dem dazugehörigen Ofen. Im Keller. Dort musste man sich anfangs der Woche in dem ausgehängten Plan eintragen, um sich das Badezimmer für eine Stunde zu reservieren."

„Man durfte nur ein Mal pro Woche baden? Und nur zur vorher festgelegten Zeit?"

„Ja, früher konnte man nicht an so einem heißen Tag wie heute mal schnell zur Abkühlung unter die Dusche springen."

Die Friseurin schüttelt ungläubig den Kopf.

„Vor dem Baden musste der Ofen neben der Wanne ja auch noch angeheizt werden. Das hat damals mein Mann immer für uns gemacht. Aber der hatte ja nicht jeden Samstag frei und so konnten wir auch nicht jede Woche in die Wanne steigen und Haare waschen."

„Das mag man sich heute gar nicht mehr vorstellen."

„Und wissen Sie, vor kaltem Wasser hab ich mich gegraust. Ich musste also immer warten, bis mein Mann wieder frei hatte. Deshalb habe ich mir damals nur alle 14 Tage meine Haare gewaschen."

„Ich verstehe – und deshalb haben Sie sich dann doch irgendwann zu einer Kurzhaarfrisur entschlossen."

Frau Rautenberg winkt mit einer müden Handbewegung ab. „Nein, nein, so war das nicht. Wissen Sie, Krieg und Vertreibung ... Auf der Flucht habe ich mir die Haare schweren Herzens selbst abgeschnitten."

„Das tut mir leid."

Für kurze Zeit hängen die beiden Frauen stumm ihren Gedanken nach.

Als die Friseurin mit dem Aufwickeln fertig ist, legt sie ein feines Netz über die grauen Haare. „Stimmt, Frau Rautenberg: Heute ist alles einfacher. Sogar im Rollstuhl, zumindest wenn man Hilfe hat."

„Ja, ich bin froh, dass Sie immer kommen, wenn ich Sie brauche."

Frau Distler räumt ihre Sachen zusammen und schiebt die alte Dame zurück ins Zimmer. „Bei dieser Hitze können wir uns die Trockenhaube sparen. Ich gehe jetzt zu meiner nächsten Kundin, ein Stockwerk höher, eine Dauerwelle.

Anschließend komme ich wieder zu Ihnen. Dann frisiere ich Sie fertig."

„Gut. In der Zwischenzeit krame ich nach einem Foto von mir, damit Sie sehen, wie ich als junge Frau mit langen Haaren ausgesehen habe."

„Bei der Gelegenheit erklären Sie mir dann bitte auch, wie Sie es geschafft haben, Ihren Schopf jeden Morgen schnell in den Dutt zu zwingen."

Als die Friseurin eine Stunde später leise ins abgedunkelte Zimmer tritt, kann sie Frau Rautenberg erst gar nicht finden. Sie klopft an die Badezimmertüre, aber nichts rührt sich. Sie sieht den Rollstuhl dastehen – leer – und wundert sich. Schließlich entdeckt sie die alte Dame auf ihrem Bett, wo sie in Rock und Bluse schläft.

Gerade will Frau Distler ihr sacht auf den Arm tippen, da schlägt Frau Rautenberg die Augen auf. „Jetzt bin ich doch tatsächlich eingeschlafen." Sie rappelt sich hoch. „Ich wollte mich nach dem Mittagessen nur mal kurz hinlegen. Aber die Hitze …"

„Wie sehen Sie denn aus!", entfährt es der Friseurin. „Das Haarnetz an einem Ohr, die Wickler alle schief … Haben Sie schlecht geträumt?"

„Ich habe mit meinen Haaren gekämpft. Die wollten und wollten einfach nicht im Dutt halten." Sie greift sich mit beiden Händen an den

Hinterkopf. Und stutzt. „Na so was, da habe ich im Traum doch glatt vergessen, dass die schon ewig nicht mehr lang sind."

„Wie gut, dass Sie heute einen Kurzhaarschnitt haben, Frau Rautenberg. Schnell ein wenig Wasser auf den Kopf gesprüht – die Wickler neu eingedreht – und fertig."

Frau Rautenberg lacht. „Da haben Sie Recht, es gibt nichts, was nicht auch seine gute Seite hätte."

Narrenhände beschmieren Tisch und Wände

Was für ein herrlicher Tag. Goldene Sonnenstrahlen fallen durch das Fenster in Paulas Kinderzimmer und treffen auf die frisch getünchte Wand.

Susanne Rautenberg steht davor und schaut fassungslos auf die krakeligen Buchstaben, die mit dicker Wachsmalkreide auf die hell gestrichene Wand geschrieben wurden. Sie ruft nach ihrer sechsjährigen Tochter: „Paula, komm sofort nach oben.“ Ihre Stimmlage verspricht dabei nichts Gutes. „Bist du von allen guten Geistern verlassen?“

Langsam schleicht Paula die Treppe hoch und lugt vorsichtig in ihr Zimmer.

„Was soll denn das hier?“ Entrüstet deutet Susanne Rautenberg auf die bunte Wandmalerei.

Paula schaut gehorsam in diese Richtung, bleibt aber stumm wie ein Fisch.

„Ich habe mir solche Mühe gegeben – und jetzt das!“

Paula weiß, dass ihre Mutter das Kinderzimmer vor Kurzem renoviert hat, weil sie ihr zum Schulanfang eine Freude machen wollte.

„Mir reicht's jetzt mit deinem Geschmiere überall im Haus. Geh in den Garten. Ich will jetzt erst mal meine Ruhe haben."

Das Mädchen senkt verwirrt den Kopf und tippelt die Treppe hinab, zieht die gelben Gummistiefel an und geht hinaus.

Paula hat nicht den Hauch eines schlechten Gewissens. Ganz im Gegenteil. „Mama ist gemein!", denkt sie. „Niemand lobt mich für meine schönen Buchstaben." Tränen der Enttäuschung kullern über ihre Wangen. Sie hebt ein Stück Straßenkreide auf, das sie achtlos im Garten hatte liegen lassen, und malt auf die dunkelbraunen Holzlatten am Zaun zum Nachbargrundstück alle Buchstaben, die sie schon kennt. Tief in ihr Werk versunken, hört sie gar nicht, wie Herr Herold dazukommt.

„Na, meine Kleine, wieder fleißig?"

Paula erschrickt, ängstlich schaut sie zu dem älteren Herrn hoch. Ob er sie jetzt auch schimpfen wird?

Der Nachbar aber streicht der schniefenden Paula beruhigend über ihre dunklen Locken und hebt dann ihr Kinn in die Höhe. „Sag mal, du wirst doch nicht geweint haben?"

Paula wischt sich mit dem Ärmel ihres Pullovers über das Gesicht. „Nirgends darf ich schreiben“, klagt sie ihm ihr Leid. „Nicht in meinem Zimmer, nicht auf dem Küchentisch, nicht auf Mamas Einkaufzettel und nicht mal auf der Klopapierrolle.“ Paula lässt resigniert die Schultern hängen. „Aber ich möchte doch auch ganz schnell schreiben lernen. So wie mein großer Bruder.“

Das leuchtet Herrn Herold ein und er hat da eine Idee. „Warte mal, Paula, ich glaube, ich hab da was für dich.“ Er dreht sich schnell weg, um sein Schmunzeln zu verbergen. Auf dem Weg Richtung Schuppen denkt er sich: „Soso. Sogar auf der Klopapierrolle hat sie schon geübt. Das ist ja mal eine umweltbewusste Alternative zum teuren weißen Schreibpapier. Das muss ich später meiner Anna erzählen, die hat bestimmt auch ihren Spaß daran.“

Herr Herold muss nicht lange suchen, bis er seine eigene Schiefertafel von früher und Kreidestifte findet. Alles an seinem Platz. Seit er in Rente ist, kümmert er sich darum, dass er einmal alles in gute Hände geben kann, was im Haushalt nicht mehr gebraucht wird. Zufrieden kehrt er an den Zaun zurück.

Als er Paula die schiefergraue Tafel mit dem Holzrahmen hinhält, baumelt der trockene

Putzschwamm an seiner Kordel fröhlich hin und her.

„Pass auf, jetzt kannst du so viel üben, wie du willst. Und keiner hat was dagegen, garantiert!" Herr Herold holt einen Kreidestift aus seiner Hosentasche und malt eine Schlangenlinie auf die Tafel. Dann spuckt er auf den Schwamm und fährt damit über die weiße Spur. „Schreiben – und wieder wegwischen, siehst du?"

Paula muss das natürlich gleich selber ausprobieren. Sie zieht ein paar krumme Striche quer über die Tafel und reibt sie gleich wieder mit dem Schwamm weg. „Das muss ich meiner Mama zeigen." Wie der Blitz schießt sie auf ihr Elternhaus zu. „Danke, Herr Herold", ruft sie noch schnell, bevor sie durch die Eingangstür verschwindet.

„Mama, wo bist du? Schau, was ich geschenkt bekommen habe!" Mit diesen Worten stürzt sie in ihr Kinderzimmer. Dort steht nicht nur ihre Mutter, sondern auch ihr Vater, der inzwischen aus der Arbeit heimgekommen ist. Sie stutzt und lässt die Tafel sinken. „Hallo, Papa, was machst du denn da?"

Paulas Vater ist gerade dabei, einen großen Bilderrahmen aus Holz um den bunten Buchstabensalat an der Wand zu zimmern. Er nimmt die Nägel aus dem Mund, die er eben einschlagen wollte, und sagt: „Warts ab, gleich sieht das Ganze aus wie ein richtiges Gemälde." Schon hämmert er wieder weiter. Als er fertig ist, tritt er einen Schritt zurück und betrachtet zufrieden das Werk. „Also: Mir gefällt das jetzt so. Aber bitte, Paula, mal keine weiteren Buchstaben mehr an die Wand. Das soll hier ja keine Bildergalerie werden."

Paula springt ihm freudestrahlend in die Arme. Dann fällt ihr wieder ein, dass sie ja ihr neues Geschenk präsentieren wollte, und schielt vorsichtig zu ihrer Mutter. Sie reckt die Schiefertafel in die Luft und verspricht hoch und heilig: „Ich werde ganz bestimmt nie wieder was an die Wand schreiben. Ich habe jetzt was viel Besseres zum Üben."

Der kleine Vogel

So stellt man sich den goldenen Oktober vor, wie aus dem Bilderbuch. Überall im Park des Seniorenstifts leuchtet das Laub der alten Kastanienbäume in verschiedenen Rot- und Gelbtönen. Die meisten Kastanien sind schon abgefallen.

Seit Tagen kommen immer wieder Kinder und sammeln die wie frisch polierten Früchte auf. Auch jetzt dringen fröhliche Stimmen ins Zimmer von Agnes Rautenberg und locken sie zum Fenster. Vom Rollstuhl aus beobachtet sie amüsiert ein Mädchen und einen Buben, wie sie sich gegenseitig übertrumpfen wollen: Wer schafft es als Erster, seinen Stoffbeutel bis zum Rand mit den rotbraun glänzenden Kugeln zu füllen?

Als sich das Zwölf-Uhr-Läuten über die Kinderstimmen legt, stellt die alte Dame überrascht fest, dass es schon Zeit zum Mittagessen ist, und steuert mit ihrem Rollstuhl zum Gang hinaus.

Plötzlich spürt sie über ihrem Kopf einen leichten Luftzug. Vor Schreck schreit sie laut auf. Aber dann erkennt sie, dass das nur ein kleiner Vogel war, der den langen Gang entlangirrt.

Ein blauer Wellensittich. Ihr Wellensittich! Den blöden Vogel hatte sie ganz vergessen.

Ihr Enkel Andreas hatte ihn vor knapp einer Woche gebracht mit den Worten: „Oma, du sollst hier nicht länger allein sein. Das Tier hier kann dir Gesellschaft leisten.“ Aber der Vogel tut Agnes Rautenberg leid, dauernd muss er in seinem Käfig sitzen. Und das Sprechen will sie ihm auch nicht beibringen, auf gar keinen Fall. Beim Lesen will sie ihre Ruhe haben und keinen Vogel, der ihr dazwischenplappert. Sie sieht lieber den Amseln draußen im Park zu, wie sie geschäftig hin und her fliegen oder auf einem Ast sitzen und ihre Liedchen schmettern.

Die Hausordnung im Seniorenheim erlaubt zwar die Haltung von Vögeln, allerdings nur, wenn sie im Käfig bleiben. Doch kaum war Andreas aus dem Zimmer gegangen, hatte Agnes Rautenberg ihren Wellensittich wieder freigelassen. Sollten sich doch Pfleger und Putzfrauen bei der Heimleitung beschweren, sie hielt sich schon immer nur an die Regeln, die ihr auch vernünftig schienen.

Aber dass der undankbare Vogel jetzt einfach so ausgebüxt ist, das geht dann doch zu weit. Eben hat er die Richtung geändert und kommt auf sie zugetrudelt.

„Hilfe“, schreit da Frau Rautenberg vor Schreck.

Gleich darauf geht eine Tür auf der rechten Seite auf. Wie der Blitz fliegt das Vögelchen ins offene Zimmer.

Agnes schiebt sich in ihrem Rollstuhl an den Türstock und sieht das Missgeschick: Das aufgeregte Tier hat sich beim Landeanflug in den Maschen des blütenweißen Stores verhängt! Da schreit sie dem weißhaarigen Mann zu, der dort am Fenster steht: „Nun helfen Sie dem kleinen Vogel doch, er wird sich sonst noch umbringen.“

Der Mann lacht und greift nach dem verängstigten Tier. „So schnell geht das nicht. Wellensittiche halten eine Menge aus. Das sind gescheite Vögel.“ Er sieht sich den kleinen Kerl eingehend an, bevor er ihn vorsichtig aus dem Vorhangnetz befreit. „Ein farbenprächtiges Exemplar.“

Frau Rautenberg sieht aufmerksam zu und sagt kein einziges Wort.

Da zwinkert ihr der Mann verschmitzt zu. „Ich glaube, der wollte bei mir hier einziehen.“

Die alte Dame erwidert nichts darauf, schaut ihm aber erst auf die Hände mit dem Wellensittich, dann in die Augen.

„Wissen Sie, gestern war mein erster Tag hier“, fährt der Mann fort. „So ein kleiner Freund in meinem Zimmer würde mir die Eingewöhnung bestimmt erleichtern.“

Wie war das jetzt gemeint – ernst oder als Scherz nur so dahingesagt? Vielleicht würde sich der Neue ja wirklich über den Vogel freuen. Vorsichtig beginnt Frau Rautenberg: „Das ist meiner … Aber wenn Sie denken, der hätte es bei Ihnen besser als bei mir …“

Der Mann hält noch immer den Vogel behutsam in beiden Händen. Das eben noch verstörte Tier unternimmt nicht die geringste Anstrengung zur Flucht.

„Ich habe ihn vor Kurzem von meinem Enkel bekommen“, erklärt Frau Rautenberg. „Er wollte mir damit eine Freude machen. War ja gut gemeint.“ Blitzschnell überlegt sie im Stillen, was Andreas wohl sagen würde, wenn sie den Vogel wirklich verschenken würde.

Neugierig geworden fragte der alte Herr: „Wie heißt er denn, der kleine Ausreißer?“

Eine vornehme Röte überzieht ihr Gesicht. „Einen richtigen Namen hat er noch gar nicht. Ich habe einfach Vogerl zu ihm gesagt.“

Der Mann schüttelt amüsiert den Kopf. „Na, Sie scheinen mit Wellensittichen ja wirklich nichts am Hut zu haben.“ Er streicht dem Vogel vorsichtig über den kleinen Kopf mit den Worten: „Dann nenne ich dich eben Robinson. Weil du bei mir gestrandet bist.“

Agnes Rautenberg atmet erleichtert auf. „Das heißt, Sie geben ihm Asyl? Ich glaube, zu Ihnen passt er einfach besser." Sie dreht sich mit ihrem Rollstuhl um 180 Grad und schaut auf ihre eigene offene Zimmertür gegenüber. „Wenn Sie bitte mitkommen würden …"

Über das Gesicht des Herrn huscht ein feines Lächeln.

Als der alten Dame bewusst wird, wozu sie ihn eben eingeladen hat, schiebt sie schnell hinterher: „Ich meine, Sie sehen ja, dass ich nicht so gut laufen kann. Da müssen Sie seinen Käfig schon selber holen. Gleich. Frei herumfliegen lassen ist hier im Heim nicht erlaubt."

Er folgt ihr in ihr Zimmer. Dort setzt er den Wellensittich behutsam in seinen Käfig und wendet sich zum Gehen.

Agnes Rautenberg ist mit dem schnellen Umzug ihres Vögelchens mehr als zufrieden. „Das Futter und den Vogelsand können Sie dann auch gleich noch holen. Das brauche ich ja jetzt nicht mehr." Man sieht ihr die Erleichterung regelrecht an.

Der neue Heimbewohner freut sich. „Ja, da bekomme ich sogar ein Komplettpaket. Danke schön." Er ist schon fast aus dem Zimmer, da dreht er sich noch einmal um und sagt: „Rudolph Ritter übrigens mein Name. – Geben Sie mir heute Nachmittag die Ehre? Ich möchte bei diesem herrlichen Sonnenschein die nähere Gegend erkunden …", augenzwinkernd deutet er auf ihren fahrbaren Untersatz, „… und Sie zu einer kleinen Ausfahrt bitten."

Frau Rautenberg ziert sich erst ein wenig, doch dann stellt auch sie sich vor und stimmt zu.

„Wunderbar. Dann kann ich Sie unterwegs auch zum Dank für meinen neuen Freund Robinson zu einer Tasse Kaffee einladen."

„Aber das ist doch gar nicht nötig!"

Lachend winkt der ältere Herr ab. „Keine Sorge. Ich werde auch bestimmt nicht mit Ihnen durchbrennen." Er reicht ihr die Hand und sagt mit Blick auf den blauen Wellensittich im Käfig: „Ein Ausreißer pro Tag ist schließlich genug, oder?"

„Also, Sie dürfen mich um 14 Uhr vor meinem Zimmer abholen. Aber jetzt müssen wir schnellstens zum Essen. Wir sind durch diese Aktion mit dem Vogel spät dran."

Frau Rautenberg dreht sich weg von ihrer neuen Bekanntschaft und rollt Richtung Speisesaal davon.

Eigentlich war die Idee ihres Enkels, ihr einen Wellensittich zu schenken, gar nicht so dumm, wie sie erst gedacht hatte. Mal sehen, vielleicht würde sie von nun an tatsächlich seltener allein sein im Heim.

Geheimschrift

Es gießt in Strömen. Die dicken Wassertropfen knallen wie Schusser auf den Asphalt. Dieser Regen ist eine Wohltat für Mensch und Natur. Seit mehr als einer Woche war kein Wölkchen mehr am tiefblauen Himmel zu sehen, die Erde war knochentrocken und die meisten Pflanzen ließen resigniert die Blätter hängen.

Mit einem Regenschirm in der einen Hand und einem Blumenstrauß in der anderen betritt Paula das Zimmer von Agnes Rautenberg in einem Erlanger Seniorenstift. Ihre Mutter hat sie für ein paar Stunden zur Uroma hergebracht, bevor sie weiter in die Praxis gefahren ist.

„Schau mal, was ich dir mitgebracht habe." Paula läuft auf die alte Dame zu und drückt ihr die Blumen in beide Hände.

„Weiße Rosen und Zittergras. – Ja, was verschafft mir denn die Ehre?" Agnes Rautenberg strahlt vor Freude. Sie legt den Strauß vorsichtig auf ihren Schoß, damit sie die Urenkelin umarmen und ihr einen Begrüßungskuss geben kann.

Paula lässt es geschehen. Doch dann tritt sie einen Schritt zurück. „Schöne Grüße von unserer Nachbarin. Von mir und von ihr sind die Rosen. Ich habe Frau Herold gestern in der Kirche geholfen. Wir mussten nach einer Hochzeit den Schmuck an den Bänken wieder wegmachen, da sind die hier übrig geblieben. Und auf dem Heimweg haben wir vom Feldrand dann noch Grasstängel gepflückt und dazwischengesteckt."

Agnes Rautenberg schiebt ihren Rollstuhl an den Tisch und legt dort den duftenden Strauß auf das Wachstuch. „Schau mal bitte im Bad nach, Paula. Da steht eine Vase – im Regal mit den Waschsachen. Da lässt du Wasser rein und bringst sie vorsichtig zu mir. Dann können wir den Strauß reinstellen." Aufmerksam beobachtet sie das kleine Mädchen, das geschäftig ihren Anweisungen folgt. „Gut so. Jetzt kannst du dich hier neben mir in den Sessel setzen und ich lese dir was vor. Hast du ein neues Buch mitgebracht?"

Paula schüttelt den Kopf und kramt in ihrer Hosentasche. „Nein, Uri, heute nicht. Ich muss dir was viel Wichtigeres zeigen. – Einen Geheimbrief! Aus einem Gebetbuch auf dem Regal ganz hinten in der Kirche."

„Da bin ich ja mal neugierig. Zeig her."

„Frau Herold kann den Brief nicht lesen. Sie hat gesagt: ‚Wenn irgendjemand das entziffern kann, dann am ehesten noch deine Urgroßmutter.'" Paula legt etliche Haargummis und Bonbonpapierchen auf den Tisch, bevor sie endlich mit einem Ruck ein zusammengefaltetes Papier aus der Hosentasche zieht. „Bitte, Uri. Ich will wissen, was da steht."

Agnes Rautenberg nimmt den Zettel entgegen und streicht ihn vorsichtig glatt. Vorder- und Rückseite sind mit vergilbter Tinte beschrieben. Sie muss ihre Brille aufsetzen, um Genaueres zu erkennen. Ein Lächeln macht sich auf ihrem Gesicht breit und sie sagt vor sich hin: „Wie schön, das ist ja Sütterlin."

Paula schaut ihre Urgroßmutter verständnislos an.

„Eine alte Schrift ist das, meine Kleine. Die haben wir noch in der Schule gelernt, damals in Königsberg." Die alte Dame greift, ohne den Blick vom Blatt zu wenden, nach dem Glas Wasser, das immer auf dem Tisch bereitsteht. Sie nimmt geistesabwesend einen winzigen Schluck, bevor sie das Glas wieder abstellt, um auf die schwarzen Linien deuten zu können. „Schau, Paula, hier ist jedes Wort in einem einzigen Zug geschrieben. Kerzengerade sind die Buchstaben, nicht mit Links- oder Rechtsschwung, wie man das heute sieht."

Paula zupft ungeduldig an ihrem Jackenärmel. „Ich will wissen, was in dem Brief steht, Uri. Das andere kannst du mir ja später erzählen."

Agnes Rautenberg hält das Papier dicht vor ihre Augen und beginnt zu lesen:

„Verehrte Annegret,
jeden Sonntag sehe ich Dich auf dem gleichen Platz in der Kirche sitzen. So kam ich auf den Gedanken, Dir diese Nachricht in ein Gebetbuch zu stecken und auf Deinen Platz zu legen. Seit nunmehr drei Jahren bist Du Witwe und ich beobachte Dich seitdem aus der Ferne. Ich sitze eine Reihe hinter Dir, auf der Männerseite gegenüber. Mir fehlt der Mut, Dich nach der Kirche anzusprechen. Daher bitte ich Dich hiermit um ein Treffen an einem Ort Deiner Wahl. Bitte gib mir die Möglichkeit, meine Gefühle Dir gegenüber offenzulegen.
Ergebenst – Dein Johannes."

Paula ist enttäuscht. Sie hatte mit dem Hinweis auf einen vergrabenen Schatz gerechnet oder mit sonst einem aufregenden Geheimnis, aber doch nicht mit einer x-beliebigen Nachricht für eine Kirchgängerin von früher!

Anders Agnes Rautenberg. Sie schmunzelt vergnügt und murmelt vor sich hin: „Würde mich schon interessieren, ob die beiden letztendlich zusammengekommen sind.“ Und an Paula gerichtet fährt sie fort: „Was meinst du: Kennt Frau Herold eine Annegret und einen Johannes in eurer Nachbarschaft? Die beiden müssten jetzt ungefähr so alt sein wie ich.“

Das Mädchen zieht die Stirn in Falten und denkt angestrengt nach. „Ich weiß nicht, Uri. Die einzigen richtig alten Leute in unserer Straße sind die Mayers von gegenüber. Eine Freundin von Frau Herold wohnt da mit ihren Eltern. Aber die alte Frau heißt Gretel und der Mann heißt Hans. Meine Mama hat mal gesagt, sie findet es lustig, dass Eheleute im echten Leben die gleichen Namen haben wie die Geschwister in einem Märchen.“

„Hänsel und Gretel?“ Da lacht Agnes Rautenberg mit einem Mal laut auf. „Paula, wir haben das Rätsel deines Geheimbriefs gelöst: Gretel ist die Abkürzung von Annegret und Hans ist die Abkürzung von Johannes.“

„Und was hat das mit meinem Brief aus dem Gebetbuch zu tun?“

„Den hat bestimmt der alte Mann in eurer Straße geschrieben. – Die beiden haben sich also noch gefunden. Wie schön!“

Paula staunt. „Du meinst, Herr Mayer hat früher den Zettel versteckt?“

Agnes Rautenberg legt ihrer Urenkelin das Schreiben behutsam in die Hand. „Geh vorsichtig damit um, Paula. Diese Zeilen sind bestimmt von großem Wert, auch wenn ich nicht verstehe, warum Annegret sie im Gebetbuch hat liegen lassen."

„Und was soll ich damit machen?"

„Bring den Brief zu Hans und Gretel Mayer. Wenn die beiden das Schreiben wiedererkennen, bekommst du bestimmt einen angemessenen Finderlohn dafür."

Der Pate aus dem Seniorenheim

Tosender Applaus füllt die Aula des Max-Reinhardt-Gymnasiums.

Eben haben Schüler der fünften Klasse ihre eigene Version der *Feuerzangenbowle* vor Lehrern, Mitschülern, Eltern und Freunden gespielt. Seit Wochen hatten sie dafür in ihren Freistunden geprobt. Und auch ohne Heinz Rühmann war die Aufführung ein voller Erfolg.

Schnauz, alias Max Rautenberg, verbeugt sich ein letztes Mal, bevor er zusammen mit den anderen der Theatergruppe die Bühne verlässt. Er steuert schnurstracks auf seine Familie zu, um sich auch noch persönlich beglückwünschen zu lassen. Nicht nur seine Eltern, auch seine Urgroßmutter und ihr neuer Begleiter aus dem Seniorenheim sind voll des Lobs. Sogar die kleine Schwester himmelt Max heute offensichtlich an.

Beim allgemeinen Kaffeeklatsch gleich anschließend in der Schulmensa stecken Agnes Rautenberg und Herr Ritter die Köpfe zusammen. Man sieht sie aufgeregt miteinander tuscheln. Sie lassen immer wieder ihren Blick durch den Saal schweifen und als sie den Rektor der Schule entdecken, steht der alte Herr mit einem Ruck auf und schiebt die Dame im Rollstuhl an dessen Tisch.

Der Schulleiter erhebt sich höflich, um die beiden zu begrüßen. Er hört ihnen aufmerksam zu, dabei schaut er ab und an zu Max hinüber. Nach einer Weile nickt er und schüttelt Herrn Ritter wie zur Bekräftigung des Gesagten die Hand.

Die alten Herrschaften kehren hochzufrieden zurück an den Tisch ihrer Lieben. Dort berichten sie stolz, dass sie den Herrn Direktor zu einer Sondervorstellung im Seniorenstift überreden konnten. Schon am kommenden Sonntagnachmittag sollen also die Fünftklässler noch einmal spielen, diesmal gegen Gage, versteht sich.

„Bei all der Mühe, die ihr in eure Proben gesteckt habt, wäre es doch jammerschade gewesen, wenn eure *Feuerzangenbowle* nur ein einziges Mal aufgeführt worden wäre“, meint Herr Ritter.

Und Agnes Rautenberg ergänzt: „Wir sind da ganz egoistisch, Max. Wir wollen dich unbedingt noch mal auf der Bühne sehen.“

Die Vorstellung im Seniorenheim ist restlos ausverkauft. Und wieder ist sie ein Riesenerfolg.

Nahezu keiner der betagten Besucher geht anschließend aus dem Speisesaal, ohne eine Spende in dem bereitgestellten Körbchen am Eingang zu hinterlassen.

Der Schulleiter hat es sich nicht nehmen lassen, am Sonntagnachmittag die jungen Theaterspieler zu begleiten. Am Ende bedankt er sich persönlich bei Frau Rautenberg und Herrn Ritter und verabschiedet sich von ihnen mit den Worten: „Am nächsten Freitag würde ich Sie gerne zum Mittagessen in unsere Mensa einladen. Als Dankeschön für Ihre gute Idee. – Darf ich mit Ihnen rechnen?“

Die beiden zieren sich nicht lange und stimmen wie aus einem Munde zu.

Freitagmittag sitzen die beiden Rentner inmitten der Kinder und Lehrer. Sie kommen sich vor wie in einem Bienenschwarm.

Der Rektor nimmt an ihrem Tisch Platz und sagt nach einer kurzen Begrüßung: „Unsere Schüler durften abstimmen, was von dem Geld gekauft werden soll, das sie bei Ihnen im Seniorenheim verdient haben. Sie haben sich einstimmig für eine Tischtennisplatte mit Schlägern und Bällen zum Ausleihen entschieden.“

„Das freut mich ganz besonders“, ruft da Herr Ritter aus. „Ich selber habe in jungen Jahren viel in dieser Disziplin trainiert.“

Nach dem gemischten Eis zum Nachtisch darf Max seiner Uroma einen roten Weihnachtsstern überreichen. Bei der Gelegenheit verkündet er auch, dass die Theaterspieler sich wünschen, dass Herr Ritter die neue Tischtennisplatte feierlich enthüllt. Sie steht bereits ordentlich abgedeckt in der Turnhalle.

Geschmeichelt stimmt der alte Herr zu.

Nach dem offiziellen Foto für das *Tagesblatt* und die Schülerzeitung fordert Herr Ritter einen der umstehenden Schüler zu einem Spielchen auf. Doch dieser traut sich nicht, vielleicht findet er es auch lächerlich, gegen so einen alten Mann anzutreten.

Da bietet sich Max als Ersatzspieler an. – „Hoppla", denkt er sich nach wenigen Schlägen, „da muss ich mich echt ranhalten, damit mir der Ball nicht dauernd runterfällt."

Nach einer Weile drängt sich ein anderer Schüler an den Rand der Tischtennisplatte und will Max ablösen. Dann kommt der Nächste und dann der Übernächste.

Herr Ritter scheucht einen nach dem andern hin und her, ohne sich selbst viel von der Stelle zu bewegen und vor allem, ohne dass ihm die Puste dabei ausgeht.

Da staunen die Umstehenden nicht schlecht.

Der alte Herr schafft es sogar, neben dem

Spielen auch noch zu reden: „Ihr werdet euch wundern, warum das bei mir noch so gut geht. Als ich jung war – also in den Siebzigerjahren – hat sich bei uns im Dorf fast jeder in dieser Sportart versucht."

Gekonnt schmettert er einen Ball so auf die andere Seite, dass der andere nicht die geringste Chance hat, ihn zu erwischen.

„Ich war leider nur in der zweiten Mannschaft, aber nicht, weil ich nicht gut genug für die erste gewesen wäre, sondern weil ich beruflich oft im Ausland sein musste und nicht bei allen Spielen antreten konnte."

Während er die entgegenfliegenden Bälle kontert, hält er einen lockeren Vortrag über die verschiedenen Beläge auf den Schlägern und worauf man beim Sportschuhekaufen achten muss. Dann zeigt er den Schülern ein paar Tricks, wie man den Ball geschickt anschneiden kann, um dem Gegenspieler das Leben schwerzumachen.

Der Rektor hat dem Treiben die ganze Zeit über aufmerksam zugesehen. Er ist begeistert und fragt den alten Herrn nach einem siegreichen 21:7, ob er sich vorstellen kann, Tischtennispate am Max-Reinhardt-Gymnasium zu werden.

„Herr Ritter, Sie haben nicht nur indirekt durch die Einnahmen im Seniorenheim für die Anschaffung der Tischtennisplatte gesorgt, sondern sind darüber hinaus selbst ein hervorragender Spieler. Da wäre es für unsere Schule eine besondere Ehre, wenn wir Sie als Trainer gewinnen könnten."

„Und was habe ich als solcher zu tun?"

„Am Freitag ist bei uns nachmittags nicht viel los. Da können Sie erst kostenlos in der Mensa essen – so wie heute – und sich anschließend mit interessierten Schülern in der Sporthalle treffen."

Herr Ritter überlegt laut: „Das hört sich verlockend an. Aber meine Nachmittage verbringe ich gerne in Begleitung von Frau Rautenberg." Sein Blick geht zu Agnes, die in ihrem Rollstuhl sitzt und ihm überrascht in die Augen schaut. „Aber ich hätte da eine Idee. Ich könnte sie einfach mitbringen. Sie kann zwar nicht mehr gut laufen, aber die Kinder moralisch wieder aufbauen, wenn sie verlieren – das kann sie sicher besser als ich."

Der Rektor lacht. „Aber natürlich, Ihre Lebensgefährtin ist hier immer gern gesehen."

Da lächelt Agnes Rautenberg und Herr Ritter besiegelt das Ganze mit einem Handschlag. „Abgemacht. Also dann bis nächsten Freitag."

Als der Schulleiter sich verabschiedet hat und bis auf Max sich auch die Schüler in alle Himmelsrichtungen verstreut haben, setzt sich Rudolph

Ritter auf einen Hocker neben dem Rollstuhl von Agnes Rautenberg und legt seine Hand auf ihre. „So, meine *Lebensgefährtin*“, scherzt er, „jetzt haben wir also in unserem hohen Alter noch ein Ehrenamt übernommen.“

Die alte Dame schweigt. Sie ist überwältigt von dem Gedanken, nach so vielen Jahren als Witwe wieder einen Partner an ihrer Seite zu haben.

Aber bitte mit Schmalz!

Morgen ist der erste Advent. Aber nichts deutet auf das bevorstehende Weihnachtsfest hin. Es weht ein lauer Wind und vereinzelt segeln immer noch trockene Blätter von den Bäumen.

Agnes Rautenberg ist bei den netten Nachbarn ihres Enkels zu Besuch. Frau Herold und sie wollen gemeinsam ostpreußische Honigkuchen backen.

Herr Herold hat die alte Dame nach ihrem Mittagsschläfchen mit dem Rollstuhl bis zu seinem Auto auf dem Parkplatz des Seniorenstifts geschoben, sie dann vorsichtig in seinen PKW gehoben und zu sich nach Hause kutschiert. Dann ist er aber ins Wirtshaus gegangen. Mit Backen hat er nichts am Hut. In vier Stunden wird er Frau Rautenberg ins Heim zurückbringen, ein Nachmittag sollte reichen für die beiden Hobbybäckerinnen.

Die Zutaten für das ostpreußische Originalrezept hat Frau Herold schon gestern besorgt.

Alles steht abgewogen bereit. Doch bevor sich die beiden Frauen an die Arbeit machen, trinken sie erst mal in Ruhe eine Tasse Tee und fachsimpeln über traditionelles Weihnachtsgebäck. In Franken gehören zur Adventszeit natürlich Lebkuchen auf den Kaffeetisch. Aber was gab es in Ostpreußen, wo Agnes Rautenberg geboren wurde und bis zum Krieg gelebt hat? Da gibt es viel zu erzählen über den Zauber der Vorweihnachtszeit hier und dort.

Genug geredet jetzt. Frau Herold stellt ihre Teetasse beiseite und beginnt, Honig, Zucker und Schmalz zu zerlassen. Dann zieht sie den Topf vom Herd, denn nun muss diese Masse wieder etwas abkühlen. Sie gießt frischen Tee nach und setzt sich noch einmal.

Agnes Rautenberg hat vom Küchentisch aus den Vorgang akribisch überwacht, damit alles wie eh und je vonstattengeht. Jetzt lehnt sie sich entspannt zurück und pustet in ihre dampfende Tasse. Zu heiß, sie kann noch nicht trinken. Deshalb nimmt sie den Gesprächsfaden von vorhin wieder auf: „Früher haben bei uns alle am Samstag vor dem ersten Advent solche Honigkuchen gebacken wie wir heute. Ich freue mich, dass wir das heute auch tun. So kann ich die Tradition hochhalten für meinen Enkel und seine Familie.“

„Aber gern doch, Frau Rautenberg. Und weil wir gleich die doppelte Menge backen, kommen auch mein Willi und ich in den Genuss, etwas typisch Ostpreußisches zu essen. Hat man ja auch nicht alle Tage." Sie holt die Eier aus dem Kühlschrank. Dann siebt sie Mehl in eine Schüssel und mischt Backpulver darunter.

„Jetzt wird es spannend", meldet sich Agnes Rautenberg energisch zu Wort: „Beim Würzen muss man besondere Sorgfalt walten lassen. Vorsicht bitte mit dem Piment."

Frau Herold lacht. „Das habe ich mir schon gedacht, dass man kein einzelnes Gewürz rausschmecken darf."

„Bei den Nelken, dem Zimt oder dem Kardamom darf man deshalb nur ganz wenig nehmen. Auch vom Ingwer wirklich nur eine winzig kleine Prise."

Frau Herold gibt die abgekühlte Honig-Schmalz-Masse in die Schüssel mit dem Mehl und den Gewürzen und rührt den Teig nochmals durch. Zu guter Letzt halbiert sie die Masse und streicht jeweils eine Portion in eine gefettete Grillpfanne. Nachdem sie die Oberfläche des Teigs mit Ei bepinselt und mit einem stumpfen Messer markiert hat, bringt sie die beiden Backbleche an den Küchentisch, damit sie gemeinsam mit abgezogenen Mandeln Muster legen können. Perfekt! Stolz begutachten die beiden ihr Meisterwerk, bevor es in den Backofen geschoben wird.

Nun heißt es, sich dreißig Minuten zu gedulden. Solange der Kuchenteig bei mäßiger Hitze bäckt, reden sie über Julia, die erwachsene Tochter von Herolds. Sie ist gestern von ihrem Urlaub in Afrika zurückgekommen und hat versprochen, heute ihre Eltern zu besuchen.

Wie im Flug vergeht die halbe Stunde Backzeit. Nach kurzem Abkühlen wird der ostpreußische Honigkuchen sofort in handtellergroße Rechtecke geschnitten. Die Ränder legt Frau Herold auf einen kleinen Kuchenteller und stellt sie vor Frau Rautenberg auf den Tisch: zum Naschen.

Plötzlich fliegt die Tür auf und Julia stürmt herein: „Hallo, Mama, was riecht denn hier so lecker?“ Sie umarmt ihre Mutter, dann erst bemerkt sie Frau Rautenberg und begrüßt auch die alte Dame. Noch bevor Frau Herold auch nur ein Wort sagen kann, hat sich Julia schon eine Kante vom Teller stibitzt und im Mund verschwinden lassen. „Das schmeckt ja köstlich.“

„Zieh erst mal deinen Mantel und die Schuhe aus, Kind. Der Kuchen läuft dir ja nicht davon.“

Als Julia im Flur verschwunden ist, nimmt Frau Herold hastig das Rezept vom Küchentisch und steckt es Frau Rautenberg in die Handtasche. „Bitte, nicht verraten, dass wir Schweineschmalz genommen haben! Julia ist Vegetarierin – und ich möchte nicht, dass ihr im Nachhinein der Appetit vergeht."

Die beiden Hobbybäckerinnen zwinkern einander verschwörerisch zu und versprechen sich gegenseitig: „Nächstes Jahr backen wir in der Adventszeit wieder einen ostpreußischen Honigkuchen nach dem Originalrezept."

Der Weihnachtsengel

Draußen tobt ein Schneesturm. Die nackten Äste der Obstbäume im Garten biegen sich im Wind. Es ist erst früher Nachmittag, aber schon fast dunkel.

Frau Herold hat den alten Holzherd in ihrer Küche geschürt. Auf dem Tisch stehen Mehl, Zucker, Butter, Nüsse, Mandeln und Zitronen bereit. Sie will heute Plätzchen backen und die kleine Paula von nebenan darf ihr helfen.

Aber Paula mag nicht. Sie ist beleidigt, weil ihre Mutter heute ganz allein einen Stadtbummel machen will und sie deshalb einfach bei ihrer Nachbarin geparkt hat.

Im Radio laufen Weihnachtslieder. Es könnte richtig gemütlich sein. Doch Paula stiert verbiestert auf den Fußboden und pult gedankenabwesend mit ihrem Zeigefinger am groben Strickmuster ihrer Strumpfhose herum. Plötzlich macht es „ratsch“. Ein Loch in der neuen Wollstrumpfhose! Doch die Sechsjährige schaut nicht mal hin, sondern bohrt an ebendieser Stelle einfach weiter.

Frau Herold schüttelt verwundert den Kopf. „So also gehst du mit deinen guten Sachen um."

Paula aber gibt ihr patzig zur Antwort: „Mir doch egal. Da muss mir meine Mama halt wieder eine neue kaufen."

Doch Frau Herold lässt sich nicht vom unfreundlichen Gehabe der Kleinen irritieren. Sie trägt alle Backzutaten zurück auf die Anrichte, wäscht sich die Hände und macht das Radio aus. Dann brüht sie in aller Ruhe eine Kanne Tee mit duftendem Weihnachtsgewürz für sich auf und kocht eine heiße Schokolade für das bockige Kind. Mit zwei dampfenden Tassen setzt sie sich ungerührt an den Küchentisch und beginnt zu erzählen: „Als ich so alt war wie du, hatte ich nur ganz wenig zum Anziehen. Und was für Sachen! Wir hatten im Winter zum Beispiel kratzige lange Strümpfe, die an Strumpfhaltern befestigt wurden."

Paula sieht ihre Nachbarin verständnislos an.

„Das waren handgestrickte Strümpfe aus grober Wolle. Lauter gleiche Paare. Und wenn mal einer von denen so ein großes Loch hatte, dass sich das Stopfen nicht mehr gelohnt hat, konnte man ihn durch einen anderen leicht ersetzen."

„Puh! Ich würde was Kratziges nicht mal anfassen."

„Auch nicht, wenn es bitterkalt ist und du einen weiten Weg zu Fuß in die Schule laufen musst?"

„Und was war das mit den Strumpfhaltern?"

„Die haben wir gebraucht, damit uns die langen Strümpfe nicht immer runtergerutscht sind." Frau Herold erhebt sich und deutet mit beiden Händen auf ihre Hüften. „Wir hatten da auf jeder Seite ein Bändchen, das an einem Stoffteil angenäht war. Rechts und links war ein Metallring dran, durch den ein Knopf mit dem oberen Rand des Strumpfs gesteckt werden musste." Sie kramt beim Reden Stift und Papier aus der Küchenschrankschublade und malt das Ganze zum besseren Verständnis auf.

„Das ist ja vielleicht umständlich", entfährt es Paula. „Wieso habt ihr nicht einfach Strumpfhosen angezogen?"

„Die gab es damals noch nicht. – Und als sie dann endlich in den Schaufenstern lagen, konnte sich noch lange nicht jeder so einen Luxus leisten."

Paula schaut nachdenklich auf das Loch in ihrer neuen Hose.

Frau Herolds Augen beginnen zu glänzen, als wäre sie wieder in die Kindheit zurückversetzt.

„Stell dir vor: Obwohl wir arm waren, habe ich als eine der Ersten in meiner Klasse eine Strumpfhose bekommen."

„War das ein Geschenk?"

„In der Christmette an Weihnachten haben wir Kinder immer ein Krippenspiel aufgeführt. Eine besondere Ehre war es, den einzigen Engel zu spielen. Dieser Engel durfte ein goldenes Kleid anziehen und dazu passende goldene Schuhe."

„So einer hätte ich auch sein wollen."

„Das verstehe ich gut. Aber es gab da ein Problem: In der Kostümkiste war nur ein einziges Paar goldene Schuhe. Daher mussten wir Mädchen jedes Jahr aufs Neue vor Probenbeginn diese goldenen Schuhe anprobieren. Und wenn sie mehreren von uns passten, wurde ausgelost, wer der Engel sein darf."

„Und?"

„Als ich nur wenig älter war als du, waren meine Füße gerade groß genug. Und das Los fiel tatsächlich auf mich. Ich war überglücklich. Meine Mutter hat sich mit mir gefreut und mir von ihrem Ersparten eine weiße Strickstrumpfhose gekauft."

„Hast du die dann gleich anziehen dürfen?"

„Nein, damit musste ich bis zur Aufführung warten. Sie sollte bis dahin unbedingt sauber und ganz bleiben."

Paula zieht gedankenverloren die Ränder des Lochs in ihrer neuen Strumpfhose zusammen.

Frau Herold scheint das nicht zu bemerken. Sie redet einfach weiter: „In der Kirche war es damals bitterkalt und die Mette dauerte immer eine halbe Ewigkeit. Zumindest kam es uns Kindern so vor. Da musste man sich wirklich warm anziehen, wenn man was davon haben wollte."

„Aber so eine schöne Strumpfhose sieht man unter dem langen Engelskleid doch gar nicht."

„Wart's ab." Frau Herold lacht und streicht der kleinen Paula eine widerspenstige Locke aus dem Gesicht. „Als alle Augen auf mich gerichtet waren – habe ich meinen Rock hochgenommen, damit alle meine Strumpfhose sehen können."

„Oh!" Paula stellt sich diese dramatische Szene in allen Einzelheiten vor.

Das kann Frau Herold leicht am Gesicht der Kleinen ablesen. Deshalb dauert es eine kleine Weile, bis sie ihren Bericht beendet:

„Ein Raunen ging durch die voll besetzten Bänke. Der Herr Pfarrer sah mich böse an. Nach der Aufführung bin ich gleich aus der Kirche gerannt, damit er mich nicht mehr erwischt."

„Waren Mama und Papa auch dabei?"

„Wir sind immer gemeinsam in die Kirche gegangen."

„Und haben die geschimpft?"

„Nein, die haben zum Glück nur gelacht.

Auch Jahre später noch haben wir uns gemeinsam immer wieder über den kleinen Weihnachtsengel amüsiert, der so unpassend sein Gewand gelüpft hat."

Die kleine Paula lächelt zufrieden. Doch dann schaut sie verlegen auf das Loch in ihrer eigenen neuen Strumpfhose. „Und ich habe meine Hose einfach so kaputtgemacht."

Frau Herold holt ihre Nähsachen aus dem Schrank. „Zieh die mal aus, ich schau, was ich machen kann."

Nachdem die Kleine wieder in die Strumpfhose geschlüpft ist, beginnen sie endlich mit dem Backen.

Mit Feuereifer sticht Paula lauter Engel aus dem Butterplätzchenteig aus. Dann bemalt sie alle mit gelber Lebensmittelfarbe und zieht ihnen mit Zuckerguss weiße Strümpfe an. Den schönsten wird sie ihrer Mama mitbringen. Sie hat ihr heute Abend im Bett eine Menge zu erzählen.

Leseprobe

Leseprobe aus

Helga Blum / Wiltrud Weltzer: Ein Helfer kommt selten allein

Aufgeben gilt nicht

Bei Renate Wolfrum klingelt es Sturm an der Haustüre. Oh, denkt sie, das kann nur meine Julia sein. Sosehr die 67-Jährige ihre Enkelin auch liebt, heute passt ihr dieser Besuch gar nicht.

Vor drei Tagen ist sie von ihrer Italienreise zurückgekehrt. Seitdem fühlt sie sich krank und lustlos. Bei den höllischen Schmerzen, die sie seither plagen, kann sie sich nicht einmal dazu aufraffen, von ihrer Wohnung aus ein Stockwerk nach unten ins Erdgeschoss zu gehen.

Renate hat sich vor sieben Jahren wegen Rheuma frühzeitig pensionieren lassen müssen. Aber einen solch schmerzhaften Schub wie den jetzt hat sie noch nie erlebt. Sie schleppt sich zur Türe, um zu öffnen.

„Iiii!" Julia hält sich die Nase zu. „Oma! Hier stinkt's ja schrecklich!" „Komm erst mal rein und lass dich begrüßen, mein Engelchen."

Widerstrebend betritt die Zehnjährige den Flur und verzieht noch immer das Gesicht. Renate führt sie ins Wohnzimmer und öffnet ein Fenster. „Lässt sich's hier aushalten?" „Schon, aber auch hier muffelt's. Sonst riecht es doch immer so gut bei dir – nach Vanille." „Die Flasche mit dem Raumduft ist leider vor meiner Reise leer geworden."

Leseprobe

Renate versucht, die Enkelin abzulenken. „Schau mal, dort auf dem Tisch liegt etwas für dich. Das hab ich dir aus Florenz mitgebracht." Julia spitzt in die rosa Geschenktüte. „Super!" Jubelnd fällt sie Renate um den Hals. „Genau so ein rotes Täschchen hab ich mir immer gewünscht. Oma, du bist die Beste!"
Zusammen mit ihrer besten Freundin Marie hat Renate Florenz besucht. Sie wäre zwar lieber außerhalb der Pfingstferien verreist, aber ihre Freundin arbeitet noch als Sekretärin in der Grundschule, an der sie selbst früher unterrichtet hat. Dass sie sich vielleicht einmal wegen ihrer Rheumaschmerzen nicht mehr in der Welt umsehen könnte, daran mag Renate gar nicht denken.
„Bevor wir uns über ein paar Dolci hermachen, hab ich noch eine kleine Bitte an dich, oder, ich fürchte fast, es ist eine große Bitte." „Dolci?" „Italienische Süßigkeiten." „Eine große Bitte?" Gespannt richtet Julia ihre dunkelbraunen Augen auf Oma.
„Dazu müssen wir in die Küche, und da stinkt's am schlimmsten." Schon steht das zierliche Persönchen an der geschlossenen Türe. „Dann halte ich mir halt die Nase zu. Kommst du, Oma?"
Julia wundert sich, wie schwer ihrer Oma heute das Gehen fällt, wie mühsam sie sich bückt, um den Müllsack unter der Spüle hervorzuholen. Sie verzieht das Gesicht, ihr Magen rebelliert. Der Gestank, der ihr entgegen strömt, nimmt ihr fast den Atem. Er rührt von einem Gemisch aus Herings-, Ravioli- und Wurstresten in Dosen. Julia wird kreidebleich. Sie schluckt. „Warum hast du das nicht nach unten getragen?"

Leseprobe

„Engelchen, es tut mir leid, aber ich kann nicht. Ich kann vor lauter Schmerzen nicht die Treppe runtergehen. Meine Gelenke streiken. Ich war auch nicht einkaufen und musste die Reste aus dem Kühlschrank und Konserven essen.“

Entgeistert schaut Julia sie an. „Du magst doch gar keinen Dosenfisch.“ „Stimmt, aber es blieb mir nichts anderes übrig. Meinst du, du kannst das eklige Zeug nach unten tragen, wenn ich den Müllsack fest zubinde?“

Julia nimmt all ihren Mut zusammen. „Klar, Oma, ich mache das.“ Tapfer hält sie den Atem an, bis die Tüte zugeknotet ist.

„Du bist ja ganz blass um die Nase. Schaffst du das wirklich?“ „Natürlich.“ So schnell sie kann, springt Julia die Treppe runter zu den Mülltonnen hinter dem Mehrfamilienhaus. Im Nu ist sie wieder oben und lacht schon wieder. „Oma, jetzt weiß ich auch, warum dein Foxl immer noch bei uns ist. Du kannst mit dem Hund nicht Gassi gehen, stimmt's?“